Canberra
National Library of Australia
Ms. 4052/2 1-16

(The Musico-Liturgical Fragments
from the Nan-Kivell Collection)

Veröffentlichungen Mittelalterlicher Musikhandschriften
Nr. 13

Publications of Mediaeval Musical Manuscripts
No. 13

Faksimile-Ausgabe der Fragmente

Facsimile Reproduction of the Fragments

Canberra
National Library of Australia
Ms. 4052/2 1-16

(The Musico-Liturgical Fragments from the Nan-Kivell Collection)

Herausgegeben / Edited

von by

Gordon A. Anderson

&

Luther A. Dittmer

Institute of Mediaeval Music, Ltd.
Institut de Musique Médiévale, SA
Institut für Mittelalterliche Musikforschung, GmbH
—
Henryville — Ottawa — Binningen

Gedruckt in der Schweiz
Herstellung: H. Merkel & Co., CH-4125 Riehen
Internationale Standard Buchnumerierung 912024-13-5

VORWORT

Die Australische Nationalbibliothek in Canberra hat 1959 eine grössere Sammlung von 2.690 Gemälden, 4.107 Drucken, 166 älteren Landkarten, 5.041 Büchern und Broschüren, 65 Kunstgegenständen, 650 Fotographien, sowie 184 Handschriften des 1977 verstorbenen Londoner Kunsthändlers Rex de Charambac Nan Kivell erworben. Darunter befindet sich eine Sammlung von Urkunden und handschriftlichen Fragmenten (Erwerbsnummer GE 22358A), die Rex Nan Kivell als Handschriftenproben älterer Zeit zusammenfügte, ohne nähere Angaben über den Erwerb zu machen. Leider wurden verschiedene Fragmente durch unsorgfältige Behandlung, Kleben bez. Aufbewahren in einem ungeeignetem Sack noch weiter in Mitleidenschaft gezogen. Die Urkunden aus dieser Sammlung werden von Frau Barbara Ross bearbeitet, während sämtliche musikalische Fragmente hier ausgegeben werden. Da die Notenfragmente in keinem Zusammenhang mit den übrigen Urkunden und handschriftlichen Bruchstücken stehen, wurden sie gesondert und jetzt als Ms. 4052/2, Fragmente 1-16 bezeichnet und aufbewahrt. Als Gesamtheit wurden sie erstmals Juni 1978 anlässlich einer Tagung über mittelalterliche Musik des Forschungszentrums für Geisteswissenschaften der Australischen Nationaluniversität (Humanities Research Centre) ausgestellt.

Da näheres über die Herkunft der Fragmente leider nicht zu erfahren ist, ist man auf den Inhalt der Quellen angewiesen. Es ist Gordon Anderson gelungen, fast sämtliche liturgische Kompositionen zu identifizieren. Besondere Beachtung verdient das erste Fragment, das Teile aus zwei wohl mehrstimmigen Gloriasätzen des Stils der Avignoner Päpste überliefert, die bisher mit keinen anderen Vertonungen identifiziert werden konnten. Obgleich die erstere Komposition nur den cantus secundus und den Beginn des contratenors enthält, schlägt G. Anderson folgende vierstimmige Übertragung des Anfanges vor:

Bei dieser Gelegenheit möchten wir den verschiedenen Bibliothekaren der Australischen Nationalbibliothek, besonders Margaret Clark, Christopher Harrison und Barbara Ross unseren Dank aussprechen, die uns bei der Zusammenstellung dieser Ausgabe mit Rat und Tat behilflich waren.

L.A.D.

NAN KIVELL CALLIGRAPHY COLLECTION

MS 4052/2/1-16 MUSICO-LITURGICAL FRAGMENTS

Bibliography and Abbreviations

AH	Analecta hymnica medii ævi, 55 Vols., Leipzig 1886-1922.
AS	W. H. Frere: Antiphonale Sarisburiense, London 1901-1924; Gregg Reprint 1966.
Bryden	J. R. Bryden & D. G. Hughes, An Index of Gregorian Chant; Vol. I: Alphabetical Index, Cambridge (Massachusetts) 1969.
GR	Graduale Romanum, Tournai/Dornijk 1961.
GS	W. H. Frere: Graduale Sarisburiense, London 1894; Gregg Reprint 1966.
Hesbert	R.-J. Hesbert: Corpus Antiphonalium Officii: III, Invitatoria et Antiphonæ, Rome 1968; IV, Responsoria, Versus, Hymni et Varia, Rome 1970.
Kehrein	J. Kehrein: Lateinische Sequenzen des Mittelalters, Mainz 1873.
Melnicki	Margareta Melnicki: Das einstimmige Kyrie des lateinischen Mittelalters, Regensburg 1968.
PM IX	Paléographie musicale IX: Antiphonaire monastique; reprinted Bern 1974.
Schlager	Karlheinz Schlager: Thematischer Katalog der ältesten Alleluia-Melodien, Munich 1965.

All	Alleluia	Lect	Lectio
Ant	Antiphon	MO	Mass Ordinary
Com	Communion	Off	Offertory
Grad	Gradual	Resp	Responsory
Int	Introit	Sen. lect	Sententia
Inv	Invitatory	Seq	Sequence
KTr	Kyrie trope	Hymn and Verset are also used.	

(1) Parentheses mean that only the rubric is indicated in the manuscript.
(-) Indicates that the chant is not identified in the above sources.
(( )) Indicates that missing text has been supplied from another source.
* Indicates that text but not music is in the source.

Fragment 1

A unique specimen of a later fourteenth-century French mensural script, using some red notation, and containing a Cantus 2 and Contratenor of one 4pt Mass and the Superius of a 3pt (?) Mass. The Masses were probably written for the Papal Court at Avignon. 21,8 x 32,0 cm.

Fr. 1^r Music incipit: Et in terra pax (Cantus 2)
Music explicit: glorificamus te (Contratenor)

Fr. 1^v Music incipit: Et in terra pax (Superius)
Music explicit: ((in gloria Dei Patris))

Fragment 2

A fragment from a sixteenth-century mensural manuscript, possibly from England. The Tenores of two motets are partly preserved, one liturgical, and the other from a poetical source, possibly a sequence. 8,0 x 13,4 cm.

Recto and verso are assigned here quite arbitrarily

Fr. 2r — Music incipit: de Dei Patris filia
Music explicit: Sponsa venufortuna (?) Dei

Fr. 2v — Music incipit: Ad nihilum deductus est (Psalm XIV:4)
Music explicit: timentes autem ((Dominum glorificat))

Fragment 3

A late eleventh-/ early twelfth-century bifolio (with centre bifolio missing) from a fully notated Breviary, possibly from England. It contains Antiphons, Responsories, and an Invitatory for the Feasts In Exaltation of the Holy Cross, S. Maurice and his Companions, SS. Cosmas and Damian, and the Dedication of S. Michael. 31,0 x 21,0 cm.

Fr. 3ar — Text incipit: Reconciliam((ur))

Musical items:

1. Resp: Hoc signum crucis. ℣ Adoramus te Christe (PM IX, 399)
2. Ant: Super omnia ligna Cedrorum (Hesbert 5061)

Text explicit: Quis non huiusmodi virium quo

Fr. 3av — Text incipit: ((inim))icorum eius.... venerabilis

Musical items:

1. Ant: ((Ado))ramus te Christe (Hesbert 1287)
2. Ant: Tuam crucem adoramus, Domine (Hesbert 5227)
3. Ant: Per signum crucis ((de inimicis)) nostris (Hesbert 4264)
4. Ant: ((O magnum)) pietatis opus (Hesbert 4035)
5. Ant: ((Sal))va nos Christe salvator (Hesbert 4686)
6. Ant: O crux admirabilis (Hesbert 4014)
7. Ant: Crux ((benedicta)) nitet Dominus (Hesbert 1961)
8. Ant: ((Nos autem)) gloriari oportet (Hesbert 3953)

Music explicit: in cruce Domini nostri Ihesu Christi.

Fr. 3b^{r} Music incipit: ((sanc))torum salus presentium

Musical items:

1. Ant: ((Ecce factus est sacer.... sanc))torum salus (Hesbert 2514)
2. Ant: Pretiosa sunt Thebeorum martyrum vulnera (Hesbert 4372)
3. Ant: Sanctorum corpora sacri sanguinis (Hesbert 4762)
4. Ant: Flagrabat in beatissimis martyribus (Hesbert 2883)
5. Ant: Triumphabant sancti martyres (Hesbert 5192)
6. Ant: Cosmas et Damianus, Anthimus (Hesbert 1938)
7. Ant: Omnes fideles Christi devoti (Hesbert 4123)
8. Ant: Angelus archangelus Michael (Hesbert 1406)
9. Ant: Data est potestas archangelo Michael (Hesbert 2100)
10. Ant: Archangele Dei Michael nuntius (Hesbert 1473)
11. Ant: Archangele Christi, per gratiam (Hesbert 1472)
12. Resp: Te sanctum Dominum in excelsis (Hesbert 7757)

Music explicit: in excelsis laudant

Fr. 3b^{v} Music incipit: omnes angeli dicentes

Musical items: Fr. 3b^{r}, No. 12 (cont)

(1) Hymn: Christe sanctorum decus angelorum (AH II, No. 76)
2. Ant: Dum sacrum mysterium cerneret (Hesbert 2469)
3. Inv: Angelorum regi Deo (Hesbert 1037)
4. Ant: Stetit angelus iuxta aram (Hesbert 5029)
5. Ant: Data sunt ei incensa multa (Hesbert 2102)
6. Ant: Ascendit fumus aromatum (Hesbert 1491)
7. Resp. Factum est silentium in celo (Hesbert 6715)
8. Resp. Stetit angelus iuxta aram (Hesbert 7707)

Text explicit: Sue velut flamme

Fragment 4

A fragmentary bifolio (with one centre bifolio missing) of a thirteenth-century notated Breviary from north France or England, containing Antiphons and Responsories for Matins for the Third and Fourth Weeks after Easter. 7,3 x 19,2 cm.

Fr. 4a^{r} Text incipit: Et animal primum simile leoni (Revelation IV:7ff)

Musical items: Rubrics only, no music

(1) Resp: Vidi Iherusalem ((descendentem)) (Hesbert 7876)
(2) Ant: Alleluia, alleluia (Hesbert 1328)
(3) Resp: Dignus es, ((Domine, accipere)) (Hesbert 6448)
(4) Resp: Ego sicut ((vitis fructificavi)) (Hesbert 6633)

Text explicit: et iam non videbitis me; et (John XVI:16)

Fr. 4a^{v} Text incipit: ((duci))bus, tanquam ab eo missis (I Peter II:14ff)

Musical items:

1. Ant: Quid est hoc quod dicit: modicum? (Hesbert 4519)
2. Ant: ((Tristitia implevit.... tollet) a vobis, alleluia (Hesbert 5188)
3. Ant: Iterum autem videbo vos (Hesbert 3465)

Music explicit: nemo tollet a vobis. Allelu((ia))

Fr. 4b^{r} Text incipit: Et superent in vacuos (II Peter I:8f)

Musical items:

1. Resp: Alleluia. Audivimus eam in Ephrata (Hesbert 6069)

(2) Resp: Narrabo nomen ((tuum)). ℣ Qui timetis (Hesbert 7194)

3. Resp: Letabor ego (-)

Music explicit: Letabor ego

Fr. 4b^{v} Music incipit: Bonum est confiteri

Musical items:

1. Resp: Bonum est confiteri Domino (Hesbert 6256)

(2) Resp: Dicant nunc ((qui redempti sunt)) (Hesbert 6438)
(3) Ant: Alleluia, alleluia (Hesbert 1328)
(4) Resp: Surrexit Dominus ((de sepulchro)) (Hesbert 7738)
(5) Hymn: Chorus nove ((Iherusalem)) (AH L, No. 215)
(6) Verset: Mane nobiscum (-)

Text explicit: Mane nobiscum.

Fragment 5

A thirteenth-century bifolio (with two centre bifolios missing) from an Antiphonale, probably of Sarum Use, with portions of the Office for Sexagesima, Quinquagesima, and for the First Sunday in Quadragesima. 14,3 x 10,6; 28,4 x 17,5 cm.

Fr. 5a^{r} Music incipit: ((ar))cham et clausit

Musical items:

1. Resp: ((Quadraginta dies.... ar))cham et clausit (Hesbert 7454)
2. Resp: Edificavit ((Noe....)) super illud (Hesbert 6055)

Music explicit: Ecce ego statuam pactum

Fr. $5a^{v}$ Music incipit: Requievit archa

<u>Musical items</u>:

1. Resp: Requievit archa mense ((septimo)) (Bryden, p. 364)
2. Resp: Vo((lens Noe scire....)) atque (Bryden, p. 445)

Music explicit: ad archam rever((sa est))

Fr. $5b^{r}$ Music incipit: Cum facis Helemosynam

<u>Musical items</u>:

1. Ant: Cum facis Helemosynam, nesciat (Hesbert 2005)
<u>oratio</u>: Inchoata ieiunia (AS 150)
2. Ant: Tu autem cum oraveris intra in cubiculum (Hesbert 5139)
<u>oratio</u>: Tuere, Domine (AS 150)
(3) Resp: Ait autem ℣ Ne queso (AS 144, 150)
(4) Resp: Angelus Domini ℣ Cumque (Hesbert 6098; AS 146, 150)[1]
(5) Resp: Deus Domini mei ℣ Deus in cuius conspectu (Hesbert 6420; AS 146, 150)
6. Ant: Quare ieiunavimus et non aspexisti (Hesbert 4449)
<u>oratio</u>: Adesto, Domine, suppli((citacionibus)) n((ostris)) (AS 150)
(7) Ant: Benedictus ((Dominus susceptor)): Ps. <u>Ipsum</u> ((<u>psalmus</u>)) = ((Benedictus Dominus Deus)) (Breviarum romanum 316)
<u>capitulum</u>: Hortamur vos (AS 150)
(8) Resp: Emendemus ((in melius)) (Hesbert 6653)
(9) Hymn: Ex more ((docti mystico)) (AH LI, No. 55)
(10) Verset: Angelis suis ((Deus mandavit de te)) (Hesbert 7945)
11. Ant: Ecce nunc tempus acceptabile (Hesbert 2532)
<u>oratio</u>: Deus, qui ecclesiam tuam annua quadrages((imali)) (AS 150)
12: Ant: Signatum est super nos (AS 150)
<u>oratio</u>: Tu in nobis es, Domine (-)
13. Resp: In pace in idipsum dormiam (Hesbert 6921)

Music explicit: dormitationem, Dormiam

Fr. $5b^{v}$ Music incipit: Gloria Patri et Filio

<u>Musical items</u>: Fr. $5b^{r}$, No. 13 (cont)

(1) Hymn: Christus qui lux es et dies (AH LI, No. 22)
(2) Verset: Custodi nos ((Domine)) (Hesbert 8001)
3. Ant: Cum videris nudum operi (Hesbert 2047)
<u>oratio</u>: Illumina (-)
4. Inv: Non sit vobis vanum mane (Hesbert 1110)
(5) Hymn: Summi largitor ((premii)) (Hesbert 8398; AS 151)
(6) Ant: Servite ((Domino in timore)) (Hesbert 4876)
(7) Verset: Dicet Domino ℟ ((Susceptor meus)) (AS 151)
8. Resp: Ecce nunc tempus acceptabile (Hesbert 6600)
9. Resp: In omnibus ex((h))ibeamus nos (Hesbert 6920)

Music explicit: Ut (for repetenda)

---

1 The rubrics for items (4) are reversed: ℣ and R, and (5) incorrect: ℣ and <u>or</u>((<u>atio</u>)).

Fragment 6

Single sheet from a thirteenth-century Antiphonale, probably of Sarum Use, containing Antiphons, Responsories, and an Invitatory for the Third Week and the Fourth Sunday in Quadragesima. 28,0 x 24,7 cm.

Fr. 6r Music incipit: hominem. M((agnificat)). Amen

Musical items:

1. Ant: ((Non lotis manibus.... homi))nem (Hesbert 3922)
2. Ant: ((Ope))ramini non cibum qui periit (Hesbert 4161)
3. Ant: Panis ((eni))m Dei est qui de celo descendit (Hesbert 4209)
4. Ant: Domine ut video propheta es tu (Hesbert 2394)
5. Ant: Veri adorantes adorabunt Patrem (Hesbert 5367)
6. Ant: Inclinavit se Ihesus, scribebat in terra (Hesbert 3320)
7. Inv: ((Populus)) Domini et oves pascue eius (Hesbert 1113)
8. Resp: Locutus est Dominus ad Moysen (Hesbert 7098)
9. Resp: Stetit Moyses coram Pharaone (Hesbert 7708)

Music explicit: ((omitte populum))

Fr. 6v Music incipit: In mari via

Musical items:

1. Resp: In mari via tua et semite (Hesbert 6911)
2. Resp: Qui persequebantur populum (Hesbert 7481)
3. Resp: Cantemus Domi((no, gloriose)) (Hesbert 6270)
4. Resp: Moyses, famulus Domini, ieiunavit (Hesbert 7183)
5. Resp: Splendida facta est facies Moysi (Hesbert 7695)

Music explicit: De((scendit Moyses de monte))

Fragment 7

Thirteenth-century sheet from a notated Breviary, possibly of Sarum Use, containing parts of the Offices for Mary Magdalene, S. Apollinaris, S. Christina, and S. James the Apostle. 22,0 x 14,0 cm.

Fr. 7r Text incipit: decorem vultus exhibuerat

Musical items:

1. Resp: Celsi meriti Maria que solem (AS 461)
2. Resp: O felix sacrorum lacrimis rigatio (Hesbert 7269)
(3) Verset: Optimam partem ((elegit)) (AS 462)
4. Ant: Laudibus excelsis omnis mundus (AS 462)
5. Ant: Pectore sincero dominico Maria (AS 463)
6. Ant: Sustolle Maria supplicium in ethere (AS 463)
7. Ant: Quo tecum captant eterni munera (AS 463)
8. Ant: Intercede supplicans assidue pro nobis (AS 463)
   capitulum: mulierem fortem (AS 463)

(9) Hymn: Ihesu corona virginum (AH L, No. 21)
(10) Verset: Dimissa sunt ei ((peccata)) (AS 463)
11. Ant: O mundi lampa((s)) et margarita (Hesbert 4049)

Music explicit: meruisti Maria Magda((lena))

Musical items: Fr. 7r, No. 11 (cont)

oratio: Largire nobis (AS 464)
(1) Ant: Euge serve ((bone)) (Hesbert 2734)
(2) Verset: Iustus germinabit (Hesbert 8116)
oratio: Deus qui hodie (-);
oratio: Largire nobis (AS 464);
capitulum: Mulierem fortem (AS 463)
(3) Resp: Diffusa est ((gratia)) ℣ Specie tua (Hesbert 6446)
(4) Resp: Specie tua ℣ Adiuvabit (AS 464, 668)
(5) Resp: Adiuvabit eum ℣ Adducentur (AS 464)
(6) Ant: Laudibus excelsis ((omnis mundus)) (AS 462)
capitulum: Mulierem fortem (AS 463)
(7) Hymn: Ihesu corona ((virginum)) (AH L, No. 21)
(8) Verset: Dimissa ((sunt ei peccata)) (AS 463)
9. Ant: Inclita sancte Marie Magdalene (AS 464)
(10) Hymn: Te Deum laudamus (Bryden, p. 411)
oratio: Deus, qui beatam Christianum (-)
(11) Ant: Estote fortes ((in bello)) (Hesbert 2684)
(12) Resp: Qui sunt ((isti qui ut nubes volant)) (Hesbert 7484)
(13) Hymn: Bina celestis ((aule luminari a Iacobo)) (AS 62)
(14) Verset: Annue Christe ((seculorum Domine)) (AS, pl. M & N)
(15) Ant: Gaudent in celis ((anime sanctorum)) (Hesbert 2927)
(16) Verset: Letamini ((in Domino)) (Hesbert 8120)
oratio: Deus, qui mundi (-)

Text explicit: et Phariseis mitteret funem in collo

Fragments 8-9

Thirteenth/fourteenth-century Graduale or Missal, probably of Sarum Use. Two disparate sheets from the same manuscript, containing troped Kyries and Marian Alleluias. 31,5 x 21,3; 31,5 x 21,0 cm.

Fr. 8r Music incipit: dices turme obnixe

Musical items:

1. KTr: ((Rex splendens....)) dices turme (Melnicki 24)
2. KTr: Lux et origo lucis summe (Melnicki 39)
3. KTr: Cunctipotens genitor Deus (Melnicki 18)

Music explicit: que sophia eleyson

Fr. 8v Music incipit: Christe eleyson. Plasmator humani

Musical items: Fr. 8r, No. 3 (cont)

1. KTr: Conditor Kyrie omnium (Melnicki 70)

Music explicit: tua nos reple gratia eley((son)).

Fr. 9r Music incipit: ((inviola))ta permansisti

Musical items:

1. All:	((Alleluia ℣ Post partum.... inviola))ta permansisti (Schlager 164)
(2) All:	Alleluia ℣ Adorabo ((ad templum)) (Schlager 382)
(3) Seq:	Post partum ((virgo Maria)) (Kehrein, p. 237)
(4) Seq:	Ave Maria, ((gratia plena)) (Kehrein, p. 203)
(5) Seq:	Letabundus ((exultet fidelis chorus)) (Kehrein, p. 30)
(6) Seq:	Hac clara ((die turma festiva dat preconia)) (Kehrein, p. 173)
(7) Seq:	Ave mundi ((spes, Maria)) (Kehrein, p. 219)
(8) Seq:	Hodierne lux ((diei)) (Kehrein, p. 160)
(9) Off:	Afferentur ((regi virgines)) (Bryden, p. 13)
(10) Com:	Diffusa est (gratia) (Bryden, p. 121)
(11) Int:	Salve sancta parens (Bryden, p. 371)
	oratio: Concede nos f (-)
(12) Grad:	Benedicta et ((venerabilis)) (Bryden, p. 70)
(13) All:	Alleluia ℣ Per te Dei genitrix (Schlager 93)
(14) All:	Alleluia ℣ Ave Maria (Schlager 77)
(15) All:	Alleluia ℣ Hodie Maria vir((go)) (Schlager 246)
(16) All:	Alleluia ℣ Assumpta est ((Maria)) (Schlager 203)
(17) All:	Alleluia ℣ Nativitas gloriose ((virginis)) (Schlager 274)
(18) All:	Alleluia ℣ Per te Dei genitrix (Schlager 93)
(19) All:	Alleluia ℣ Salve virgo, mater Dei (GS, p. lxxix)
(20) All:	Alleluia ℣ Per te Dei genitrix (Schlager 93)

Music explicit: genitrix nobis est

Fr. 9v Music incipit: est vita perdita

Musical items: Fr. 9r, No. 20 (cont)

(1) All:	Alleluia (illegible)
(2) All:	Alleluia ℣ Per te Dei ((genitrix)) (Schlager 93)
(3) All:	Alleluia (illegible)
4. All:	Alleluia ℣ Obtine sacris precibus (GS, p. lxxvii)
(5) All:	Alleluia ℣ Per te Dei genitrix (Schlager 93)
6. All:	Alleluia ℣ Ora pro nobis pia virgo (Schlager 46)
7. All:	Alleluia ℣ Virtutes celi te veneremur (GS, p. lxxxi)

Music explicit: potestate et maiestate ma((gna)).

Fragments 10-11

Thirteenth/fourteenth-century notated Breviary, probably of Sarum Use. Two separate sheets from the one gathering of the same manuscript, containing Responsories and Antiphons for the Offices of Martyrs and Confessors. 26,6 x 20,5; 26,6 x 21,3 cm.

Fr. 10^{r} Text incipit: ℣ Corona aurea super caput eius

Musical items:

(1) Resp: ((In diademate capitis)) ℣ Corona aurea (Hesbert 6898)
(2) Hymn: Deus tuorum militum (AH LI, No. 114a)
(3) Verset: Corona aurea super caput eius (Hesbert 7997)
4. Ant: Iste sanctus pro lege Dei (Hesbert 3434)
5. Ant: Beatus vir qui suffert (Hesbert 1677)
(6) Resp: O constancia martyrum ((laudabilis)) (Hesbert 7262)
7. Hymn: Sanctorum meritis inclita gaudia (Text only; AH L, No. 153)
(8) Verset: Letamini in Domino (Hesbert 8120)
9. Ant: Gaudent in celis anime sanctorum (Hesbert 2927)

Music explicit: regnabunt in eternum

Fr. 10^{v} Text incipit: P. Magnificat. evovae.

Musical items:

1. Inv: Regem martyrum Dominum (Hesbert 1137)
2. Inv: Mirabilem Deum in sanctis suis (Hesbert 1105)
3. Hymn: Eterna Christi munera (Text only; AH L, No. 17)
4. Ant: Secus decursus aquarum plantavit vineam (Hesbert 4847)
5. Ant: Tanquam aurum in forace (Hesbert 5100)
6. Ant: Si coram hominibus tormenta (Hesbert 4881)
7. Verset: Letamini in Domino (Hesbert 8120)
8. Resp: Absterget Deus omnem lacrimam (Hesbert 6013)

Text explicit: quod ab ipsis geritur imitari cum

Fr. 11^{r} Text incipit: quia omnis qui a regno Dei alienabit

Musical items:

(1) Resp: Amavit eum Dominus ((et ornavit)) (Hesbert 6081)
(2) Resp: Sancte .N. ((Christi confessor)) (AS 653)
(3) Ant: Domine iste sanctus ((habitabit in tabernaculo)) (Hesbert 2350)
(4) Verset: Iustus ut palma ((florebit)) (Hesbert 8117; AS 654)
((Lectio)) secundum Mattheum: In illo tempore: Dixit Dominus (Matthew XXIV: 42-47)
(5) Resp: Iste est ((qui ante Deum magnus virtutes)) (Hesbert 7003)
(6) Resp: Iste homo ((ab adolescentia sua partim meruit)) (Hesbert 7006)

Text explicit: invenerit dormientem necat

Fr. 11^{v} Text incipit: quia cum ventura dampna

Musical items:

(1) Resp: Miles Christi ((gloriose)) (Bryden, p. 279)
2. Ant: Iustum deduxit Dominus (minor, Hesbert 3541)
(3) Ant: Non est inventus ((similis illi)) (Hesbert 3914)
(4) Ant: Beatus ille ((servus)) (Hesbert 1634)
(5) Ant: Serve bone ((et fidelis)) (Hesbert 4872)
(6) Ant: Fidelis servus ((et prudens)) (Hesbert 2868)
7. Verset: Iustus germinabit ((sicut lilium)) (Hesbert 8116)
8. Ant: Iustum deduxit Dominus (maior, Hesbert 3542)
(9) Ant: Iustum deduxit Dominus (minor ?, Hesbert 3541)
(10) Ant: Beatus vir ((qui in lege Domini)) (Hesbert 1674)
(11) Hymn: Ihesu redemptor omnium ((perpes)) (AH LI, No. 117)
(12) Verset: Amavit eum Dominus (Hesbert 7941)
13. Ant: Similabo eum viro sapienti (Hesbert 4952)

Text explicit: intentiones mundari; oculum

Fragment 12

A sheet from a fourteenth-century notated Breviary of unknown provenance, containing Responsories for the First Nocturn from the Office of the Dead. 20,2 x 14,8 cm.

Fr. 12^{r} Music incipit: ((car))ne mea videbo

Musical items:

1. Resp: ((Credo quod redemptor meus vivit.... car))ne mea (Hesbert 6348)
   Musical cadence formula possit eruere for Lectio ii: Tedet animam (Job X:1-7)
2. Resp: Qui Lazarum resuscitasti ad monumentum (Hesbert 7447)

Music explicit: dona requiem et

Fr. 12^{v} Music incipit: locum indulgencie

Musical items: Fr. 12^{r}, No. 2 (cont)

Musical cadence formula spiritum meum for Lectio iii: Manus tue (Job X:8-12)

1. Resp: Domine quando veneris iudicare terram (Hesbert 6507)

Text explicit: cuiuscumque fuerit et in aniver....

Fragment 13

A sheet from a late fourteenth- or fifteenth-century Service Book of German or Eastern provenance, containing on one side, Hymns for the Daily Office at Terce, Sext, and None, and on the other side, the Sequence Dies ire, dies illa from the Mass for the Dead. The sequence appears to be a later addition. 26,5 x 17,0 cm.

Fr. 13^{r} Text incipit: piissime, Patrique unice

Musical items:

1. Hymn: ((Nunc sancte nobis Spiritus....)) piissime (Text only, 3rd strophe; AH L, No. 18)
2. Hymn: Rector potens verax Deus (AH L, No. 19)
3. Hymn: Rerum Deus terrax vigor (AH L, No. 20)

Text explicit: per omne seculum. Amen.

Fr. 13^{v} Music incipit: Dies ire, dies illa

Musical item:

1. Seq: Dies ire, dies illa (Kehrein, p. 588)

Music explicit: qui salvandos salvas gratis

Fragment 14

Fragmentary bifolio from a fifteenth-century Missal of unknown provenance, containing musical notation for part of the Gospel of the Triumphant Entry, after the blessing of the Palms in the Mass for Palm Sunday, and the Gospel for Easter Monday. 15,0 x 20,3 cm.

Fr. 14a^{r} Text incipit: ....bet dici a canticis (?) querat

No specific musical items, but Gloria in excelsis (Mass Ordinary), Adoremus te (part of the same chant), and Suscipe deprecationem (part of the same chant), are prescribed by rubrics.

Text explicit: induantur exceptus quod in m....

Fr. 14a^{v} Text incipit: .... et in utroque

No musical item.

Text explicit: et a quibuscum non sed statim

Fr. 14b^{r} Text incipit: sanctorum Stephani, Iohannis

Musical items:

(1) Seq: Salus eterna, indeficens, mundi vita (Text only; Kehrein, p. 23); this is usually the first sequence (Advent) in French collections, and hence shows the position of this part of the fragment in relation to the opening pages giving the Ordo of the Mass.

Text explicit: dicat Dominus sit

Fr. 14b^{v} Music incipit: ((Glo))ria tibi Domine

Musical items:

1. Sen. lect: ((Glo))ria tibi Domine
2. Lect: In illo tempore: Cum appropinquassent (Matthew XXI:1ff)
3. Lect: Quid turbati estis et cognitione (Luke XXIV:38)

Text explicit: Dominus dictio....

Fragment 15

A bifolio from the centre of a gathering from a late fifteenth-century Breviary, containing Psalms and some Antiphons from part of the Second and all of the third Nocturns from Matins for the Office of the Dead. The Psalms show interesting variations from the usual ordering. 21,8 x 16,5 cm.

Fr. 15a^{r} Text incipit: ((subsanna))tione; frenduerunt super me (Psalm XXXIV:16ff)

Musical item:

1. Ant: Anima mea exaltavit in Domino (Hesbert 1417)

Music explicit: super salutari suo.

Fr. 15a^{v} Text incipit: P. Expectans espectavi (Psalm IXL:2ff)

No musical item:

Text explicit: quoniam circumdederunt me (Psalm IXL:13)

Fr. 15b^r Text incipit: mala quorum non est numerus (Psalm IXL:13ff)

Musical items:

1. Ant: Complaceat tibi, Domine, ut eripias me (Hesbert 1861)
2. Ant: Sitivit ((anima mea)) (incipit only, Hesbert 4972)

Text explicit: ut effudi in me animam (Psalm XLI:5)

Fr. 15b^v Text incipit: meam quoniam transibo (Psalm XLI:5ff)

Musical items:

1. Ant: Sitivit anima mea ad Deum (Hesbert 4972)

(2) Verset: A porta inferi. ℣ Erue Domine animas eorum (Hesbert 7923)

Music explicit: ante faciem Domini.
Text explicit: animas eorum.

Fragment 16

Fragment from an eleventh-century missal of unknown provenance, with the Lesson from the Second Sunday in Quadragesima (I Thessalonians IV:1-7), and a Gradual, and the Readings (Daniel IX:19; John VIII:21-29) from the Monday of the Second week in Quadragesima. 6,8 x 10,5 cm.

Fr. 16^r Text incipit: a nobis quomodo.... ((a))mbuletis (I Thessalonians IV:1ff)

No musical item.

Text explicit: testificati sumus. Non enim (I Thessalonians IV:7)

Fr. 16^v Text incipit: tuum invocatum.... Deus noster (Daniel IX:19)

Musical item:

1. Grad: Adiutor meus, et liberator meus (Bryden, p. 8)

Text explicit: ergo vobis quia.... dicebant ergo ei: tu quid es? Dixit (John VIII:25)

INDEX OF MUSICAL ITEMS

G.A.A.

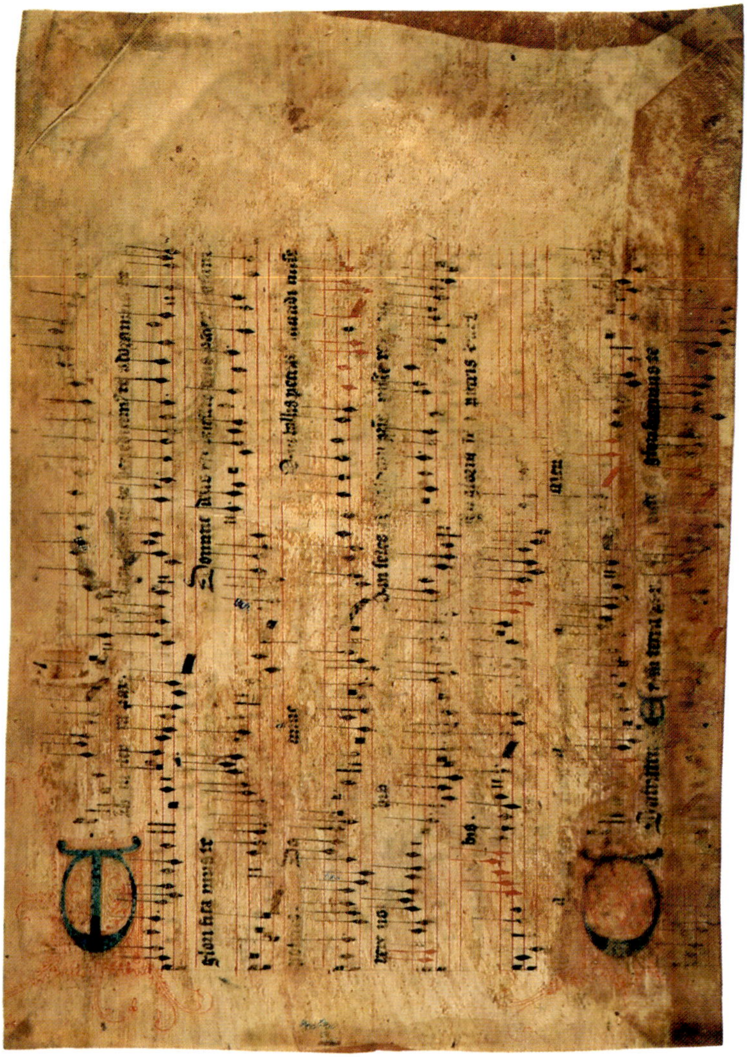

Canberra (ACT), National Library of Australia
Nan Kivell Collection, Ms. 4052/2
Fragment 1r

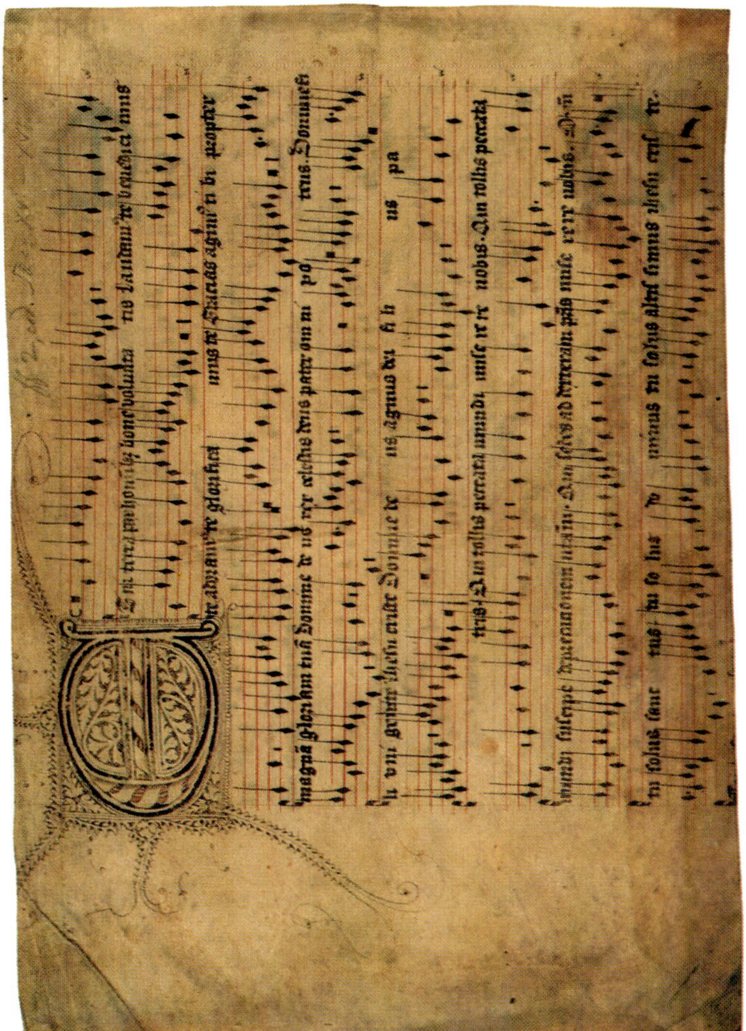

Canberra (ACT), National Library of Australia
Nan Kivell Collection, Ms. 4052/2
Fragment 1^{V}

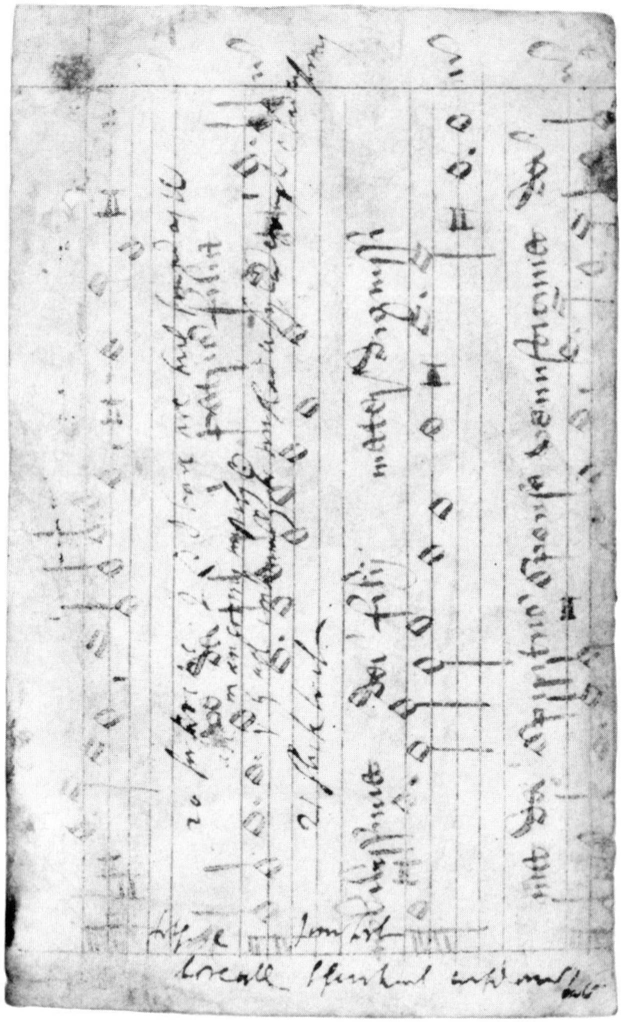

Canberra (ACT), National Library of Australia
Nan Kivell Collection, Ms. 4052/2
Fragment 2[r]

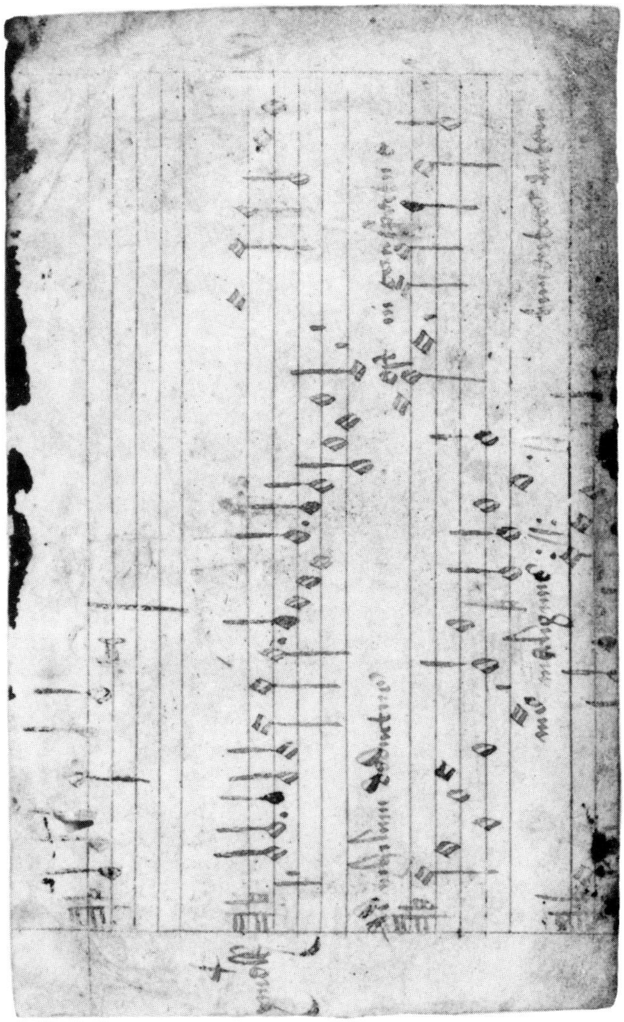

Canberra (ACT), National Library of Australia
Nan Kivell Collection, Ms. 4052/2
Fragment 2[v]

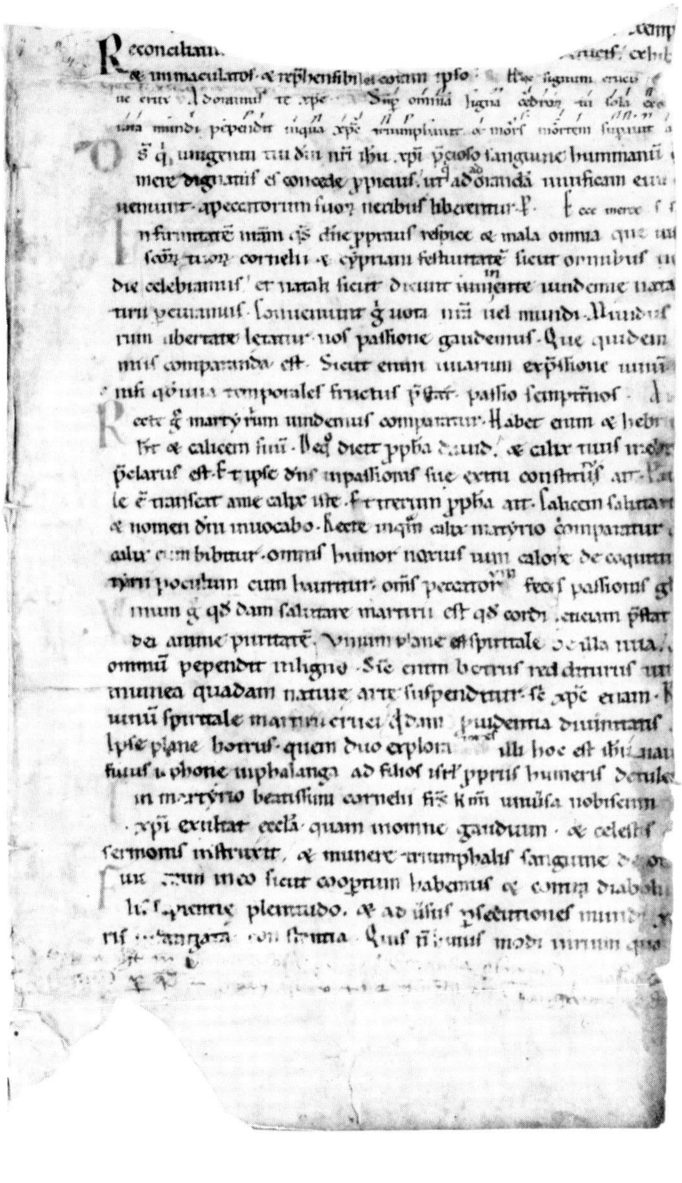

Canberra (ACT), National Library of Australia
Nan Kivell Collection, Ms. 4052/2
Fragment 3a[r]

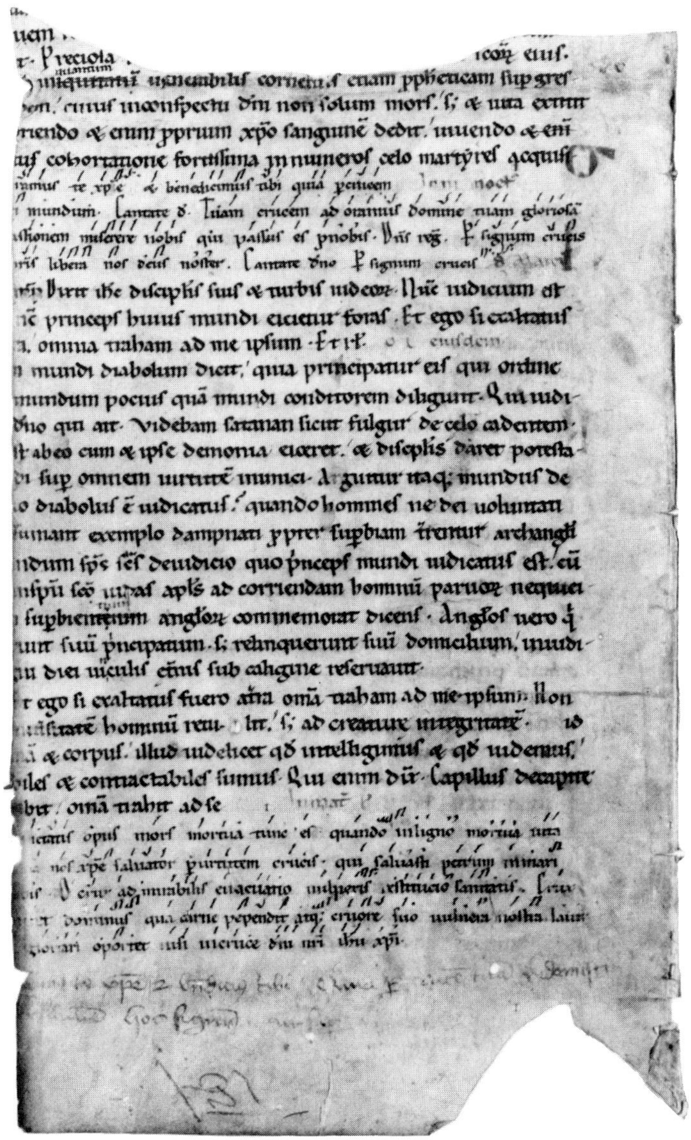

uem ...
r. Preciosa ... icor eius.
[iniquitatum] iniquitatum uisceribus corrupta, et etiam prophetiam supgres
sem. cuius inconspectu dni non solum mors. s; et uita exitur
riendo et enim proprium xpo sanguine dedit. uiuendo et eni
ius cohortatione fortissima in numeros celo martyres acquisi
ramus te xpe et benedicimus tibi quia percrucem ...
mundum. Cantate d. Tuam crucem adoramus domine tuam gloriosa
ssionem miserere nobis qui passus es pro nobis. Uns reg. R signum crucis
ris libera nos deus noster. Cantate dno R signum crucis ...
... Dixit ihc discipulis suis et turbis iudeorum. Nunc iudicium est
nc princeps huius mundi eicietur foras. Et ego si exaltatus
a. omnia traham ad me ipsum. Et r l. ... eiusdem
n mundi diabolum dicit, quia principatur eis qui ordine
mundum potius quam mundi conditorem diligunt. Qui iudi
dno qui ait. Uidebam satanan sicut fulgur de celo cadentem.
it abeo cum et ipse demonia eiceret. et discipulis daret potesta
di sup omnem uirtutem inimici. Arguitur itaq; mundus de
o diabolus e iudicatus. quando homines ne dei uoluntati
humani exemplo dampnati propter superbiam trentur archangli
ndum sps scs deiudicio quo princeps mundi iudicatus est. cu
nspu sco iudas apls ad corriendam hominum paruorum nequici
superbientium [tium] anglorum commemorat dicens. Angelos uero q
unt suum principatum. s; relinquerunt suum domicilium, iuudi
gni diei uinculis eternis sub caligine reseruauit.
t ego si exaltatus fuero a terra omnia traham ad me ipsum. Non
... hominum ... lit. s; ad creature integritatem. ... id
a et corpus. illud uidelicet qd intelligimus et qd uidemus,
biles et contractabiles sumus. Qui enim dixit. Capillus decapite
ibit. omnia trahit ad se
... operis opus mors mortua tunc est quando inligno mortua uita
... nos xpe saluator per uirtutem crucis; qui saluasti petrum inmari
... ad innumerabilis euacuatio uulneris restitutio sanitatis. ...
... dominus qua cruce pependit atq; cruore suo uulnera nostra lauit
gloriari oportet nisi in cruce dni nri ihu xpi.

Canberra (ACT), National Library of Australia
Nan Kivell Collection, Ms. 4052/2
Fragment 3a[v]

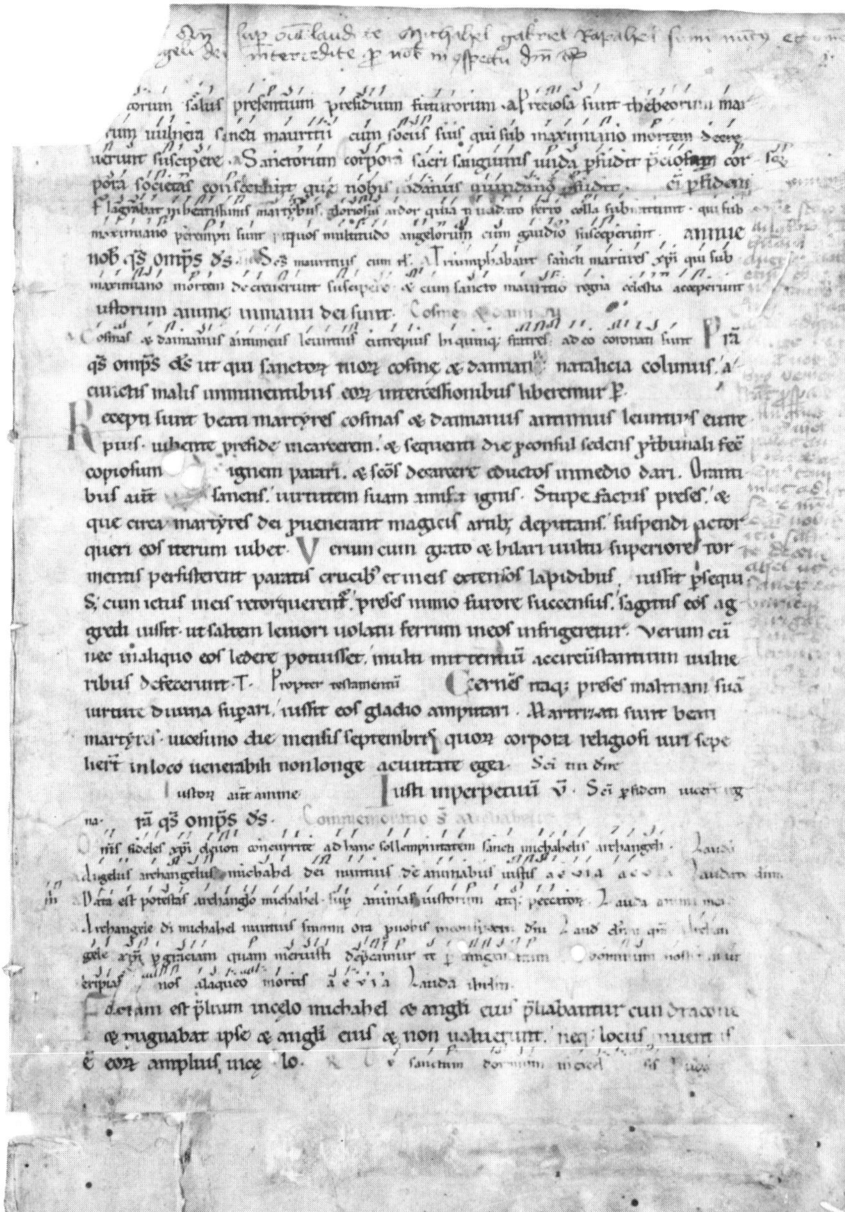

Canberra (ACT), National Library of Australia
Nan Kivell Collection, Ms. 4052/2
Fragment 3b[r]

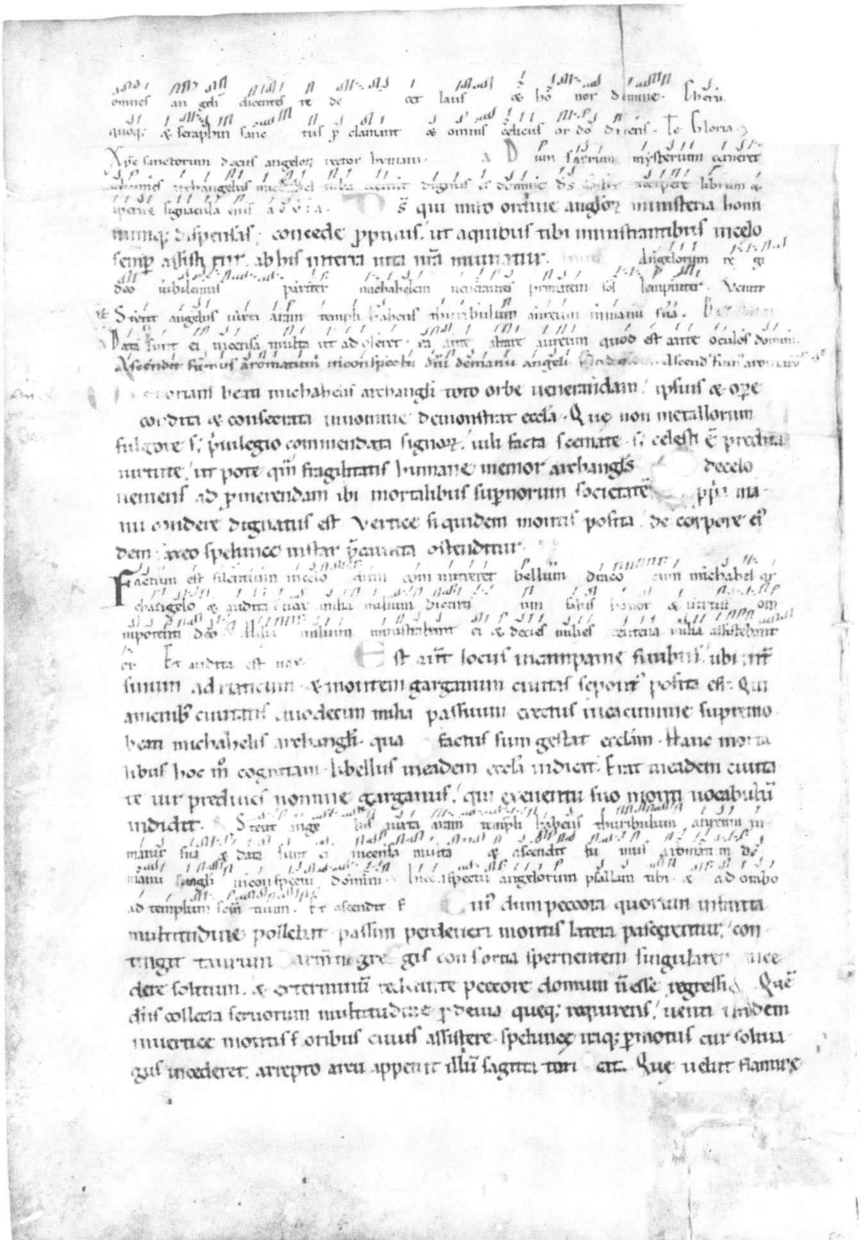

Canberra (ACT), National Library of Australia
Nan Kivell Collection, Ms. 4052/2
Fragment 3b[V]

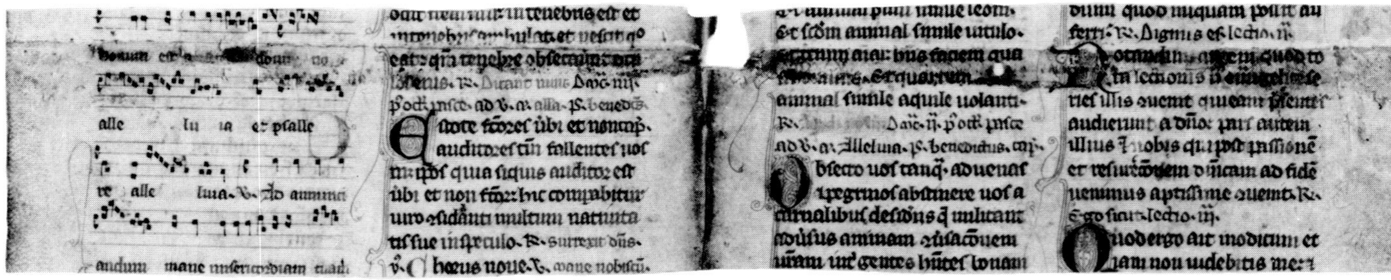

Canberra (ACT), National Library of Australia
Nan Kivell Collection, Ms. 4052/2
Fragments 4b^{v} + 4a^{r}

Canberra (ACT), National Library of Australia
Nan Kivell Collection, Ms. 4052/2
Fragments 4a^{v} + 4b^{r}

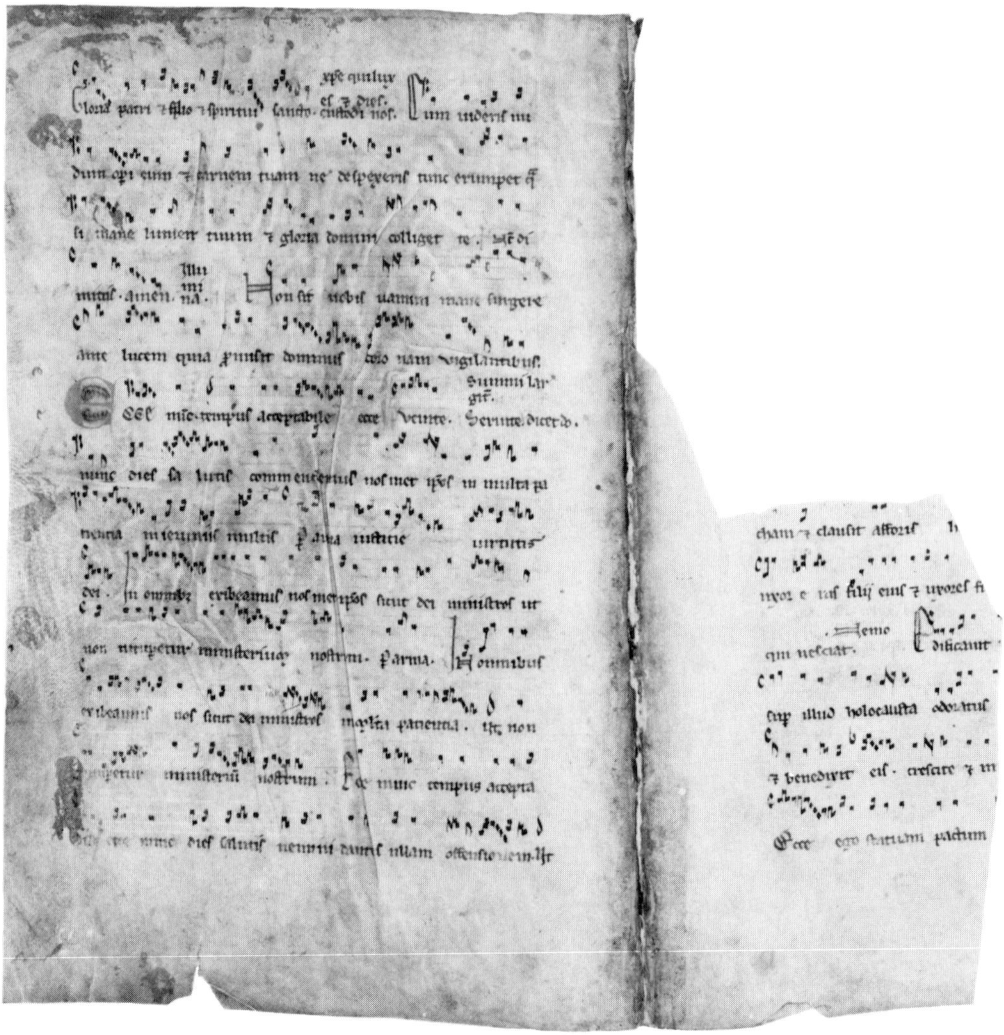

Canberra (ACT), National Library of Australia
Nan Kivell Collection, Ms. 4052/2
Fragments 5b^{v} + 5a^{r}

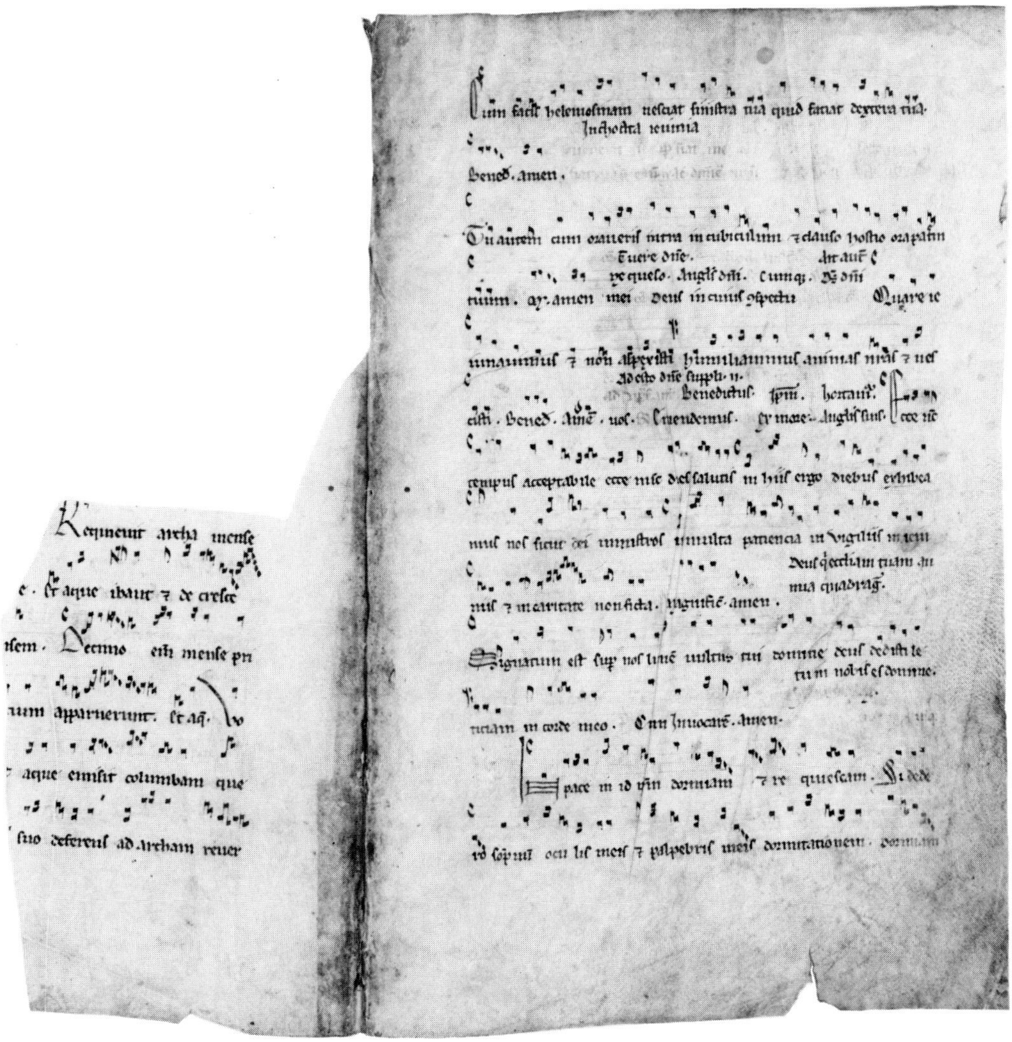

Canberra (ACT), National Library of Australia
Nan Kivell Collection, Ms. 4052/2
Fragments 5a[v] + 5b[r]

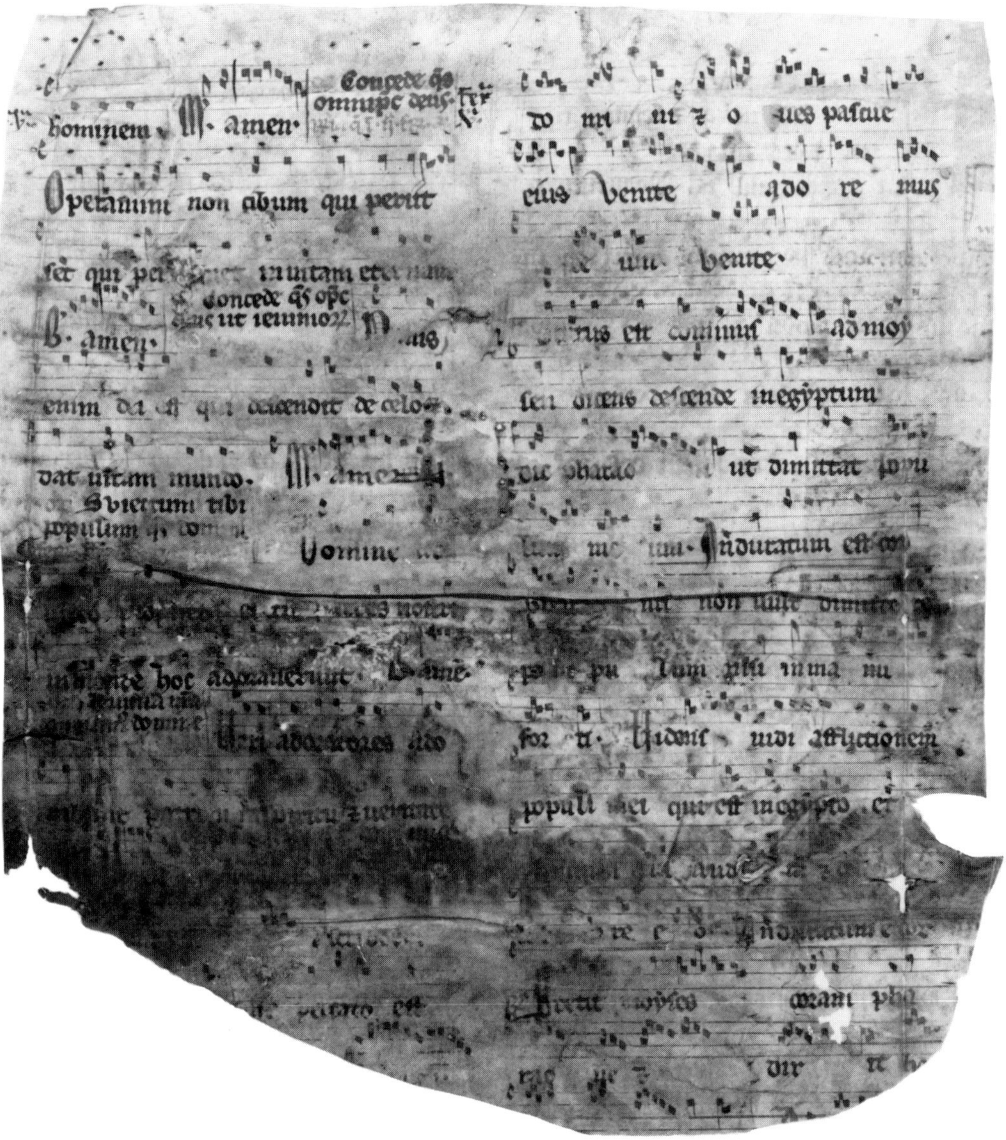

Canberra (ACT), National Library of Australia
Nan Kivell Collection, Ms. 4052/2
Fragment 6[r]

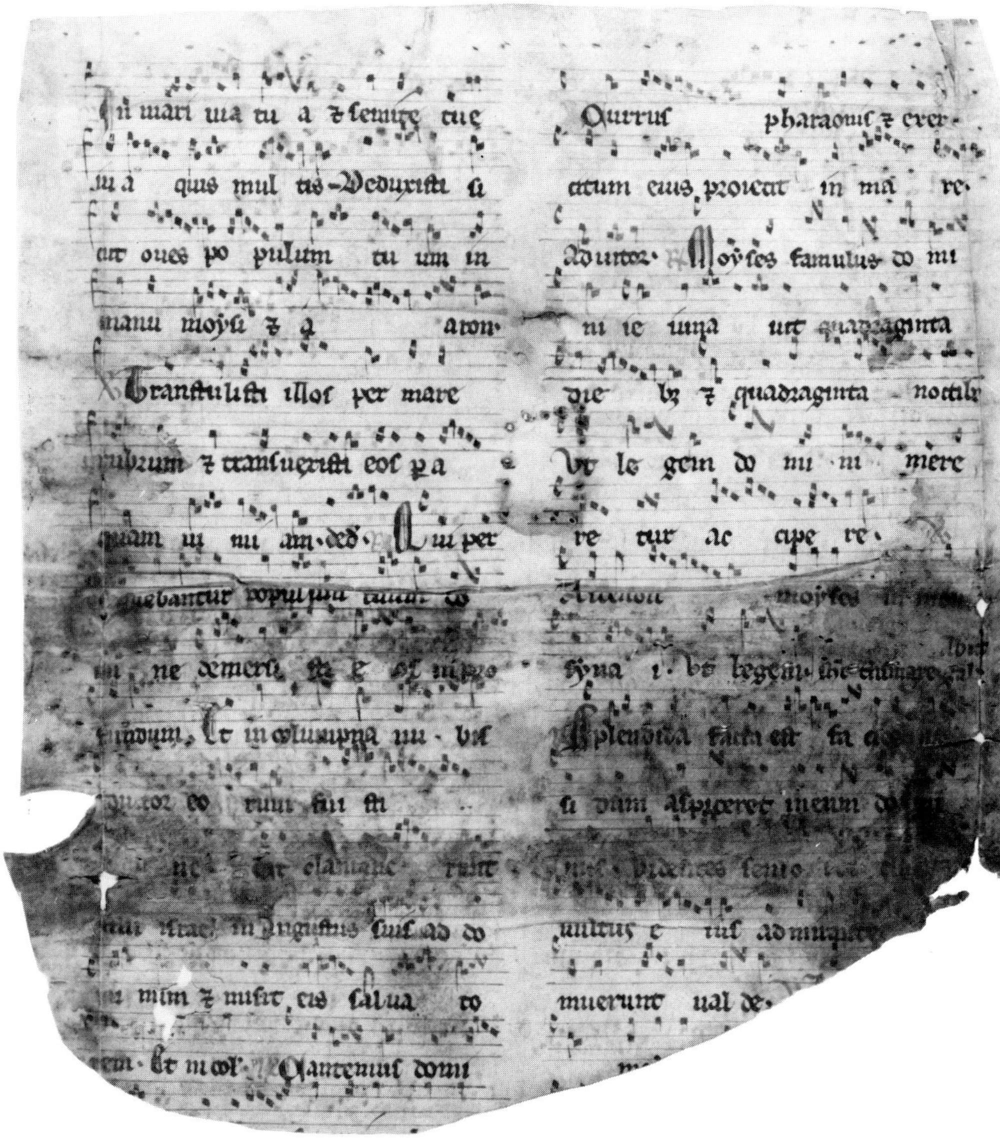

Canberra (ACT), National Library of Australia
Nan Kivell Collection, Ms. 4052/2
Fragment 6^{v}

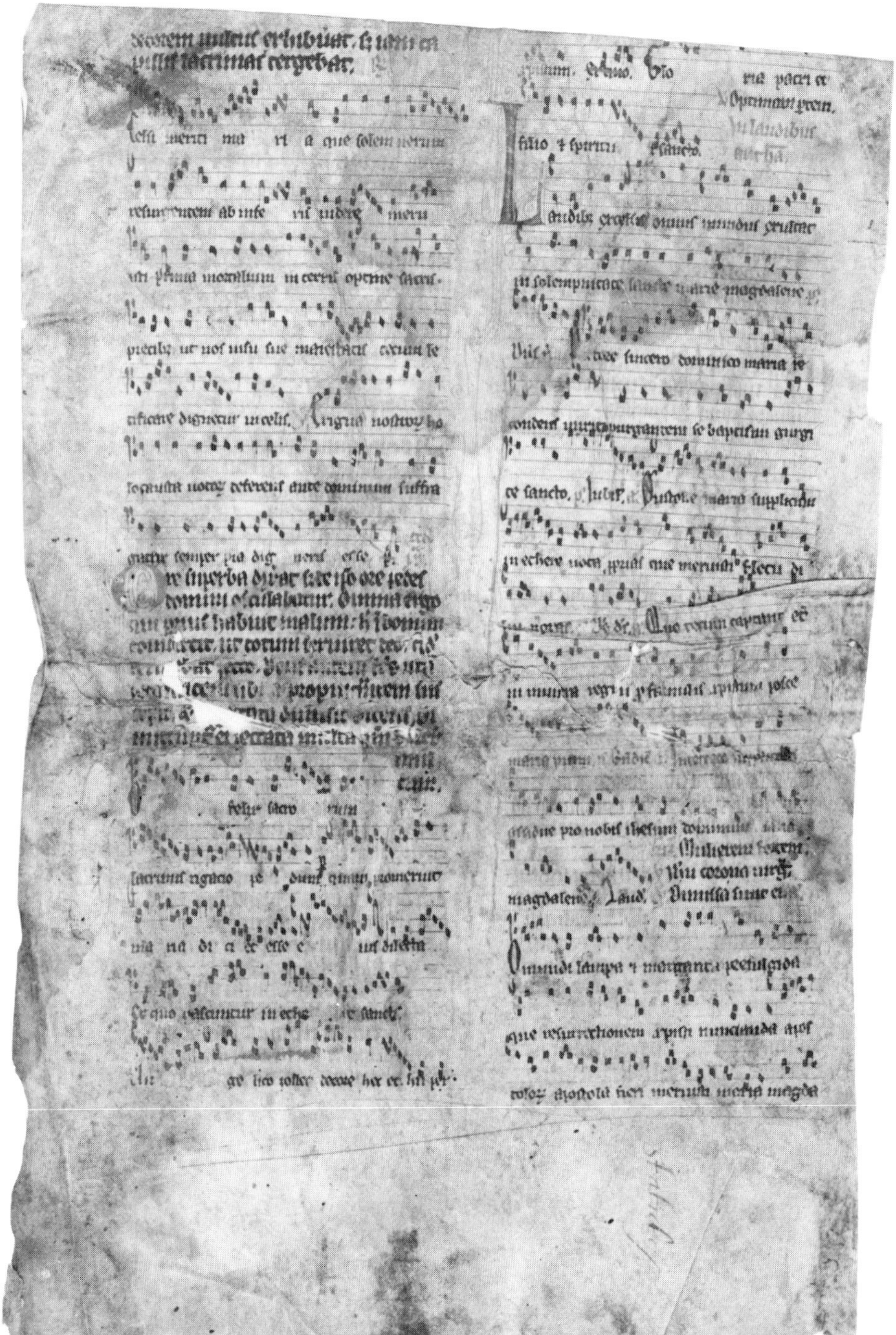

Canberra (ACT), National Library of Australia
Nan Kivell Collection, Ms. 4052/2
Fragment 7r

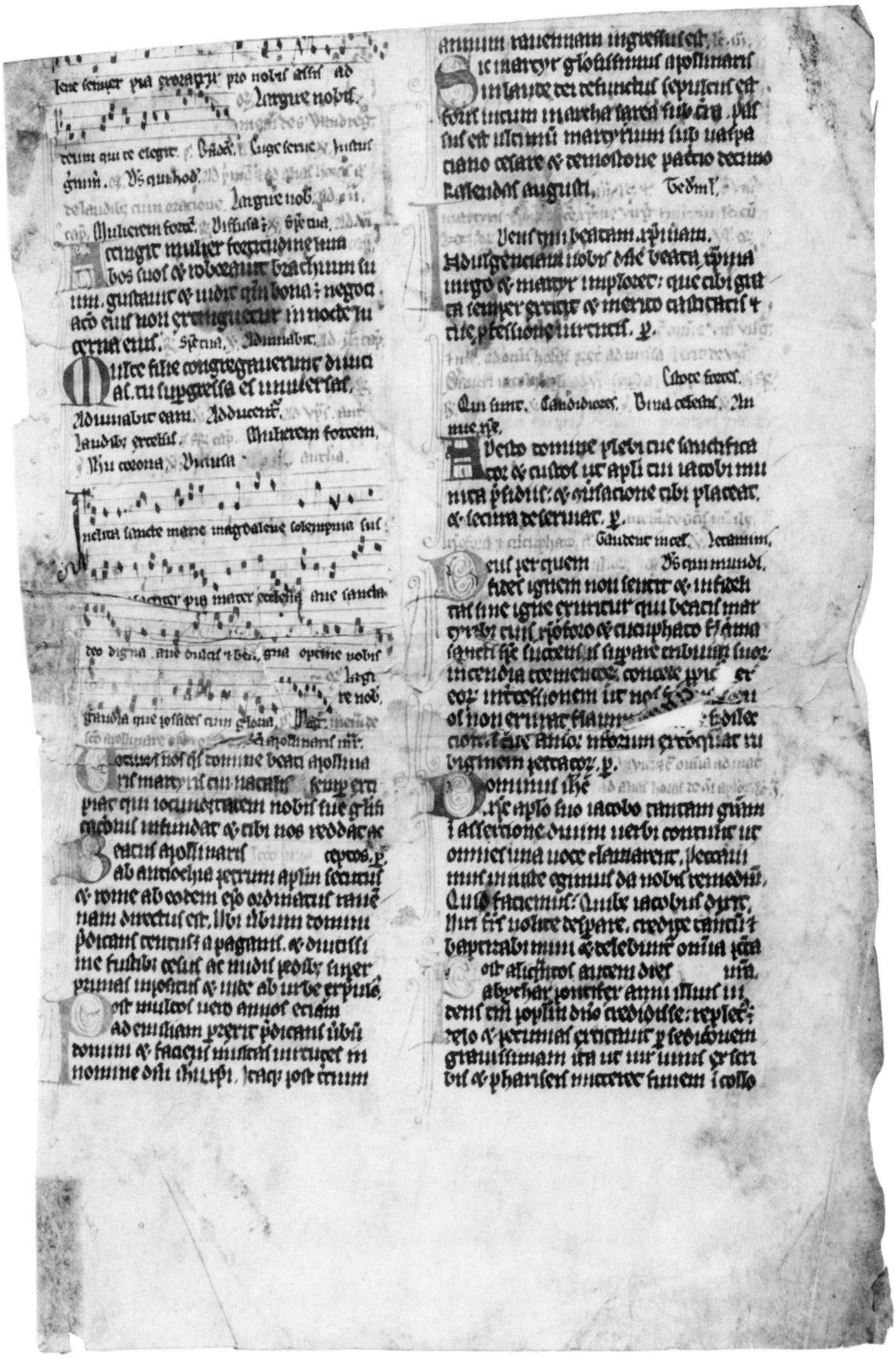

Canberra (ACT), National Library of Australia
Nan Kivell Collection, Ms. 4052/2
Fragment 7^{V}

Canberra (ACT), National Library of Australia
Nan Kivell Collection, Ms. 4052/2
Fragment 8r

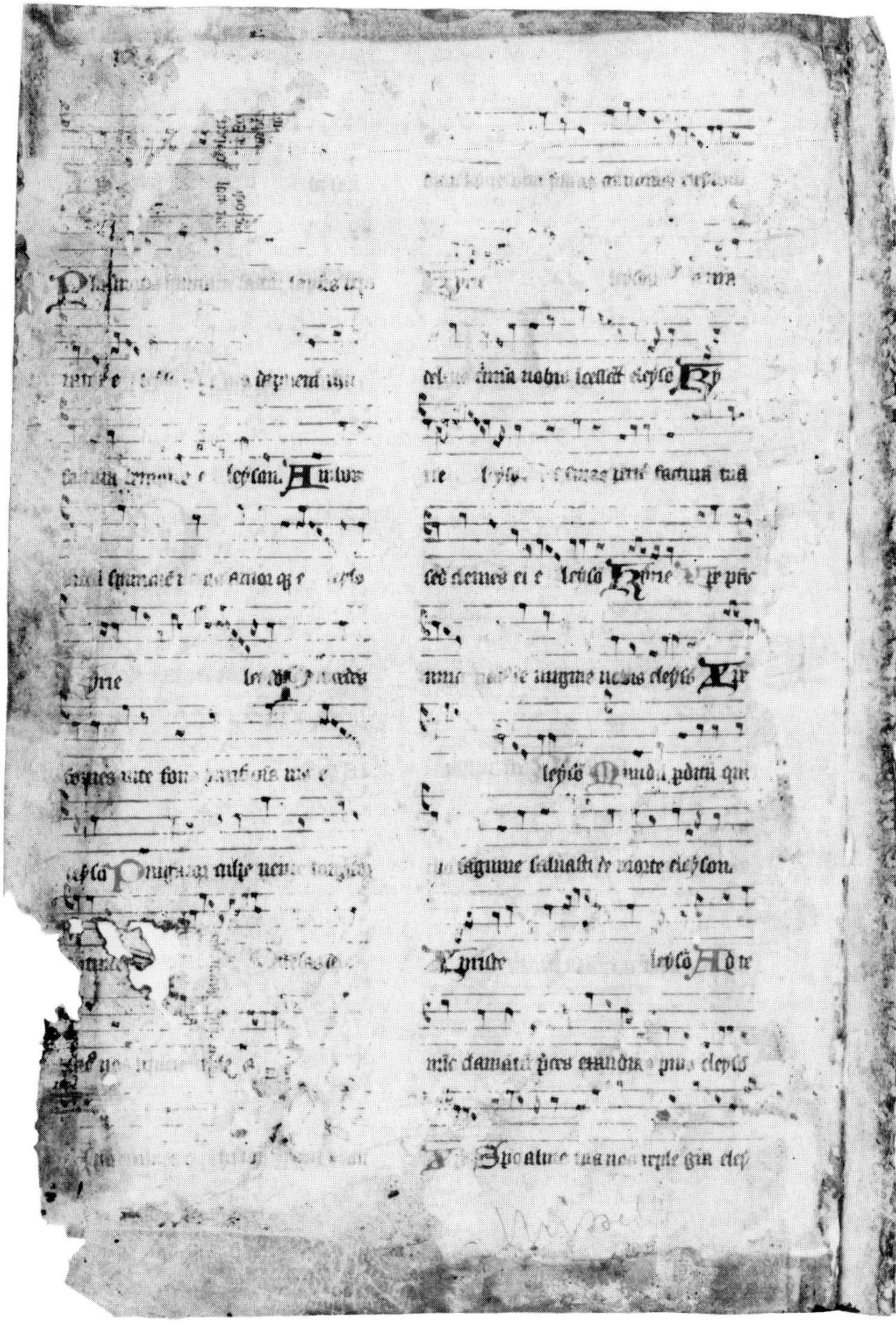

Canberra (ACT), National Library of Australia
Nan Kivell Collection, Ms. 4052/2
Fragment 8^{v}

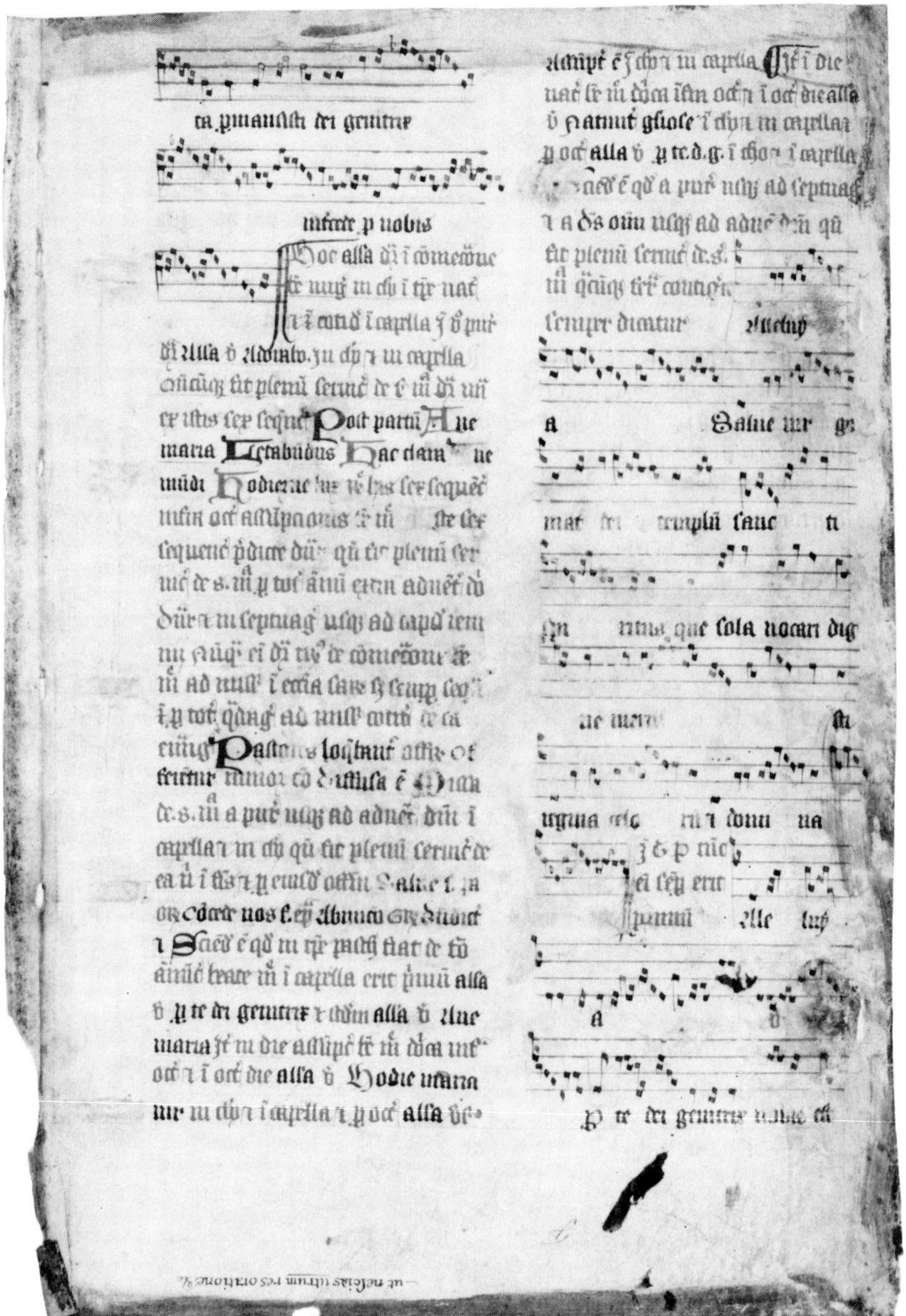

Canberra (ACT), National Library of Australia
Nan Kivell Collection, Ms. 4052/2
Fragment 9[r]

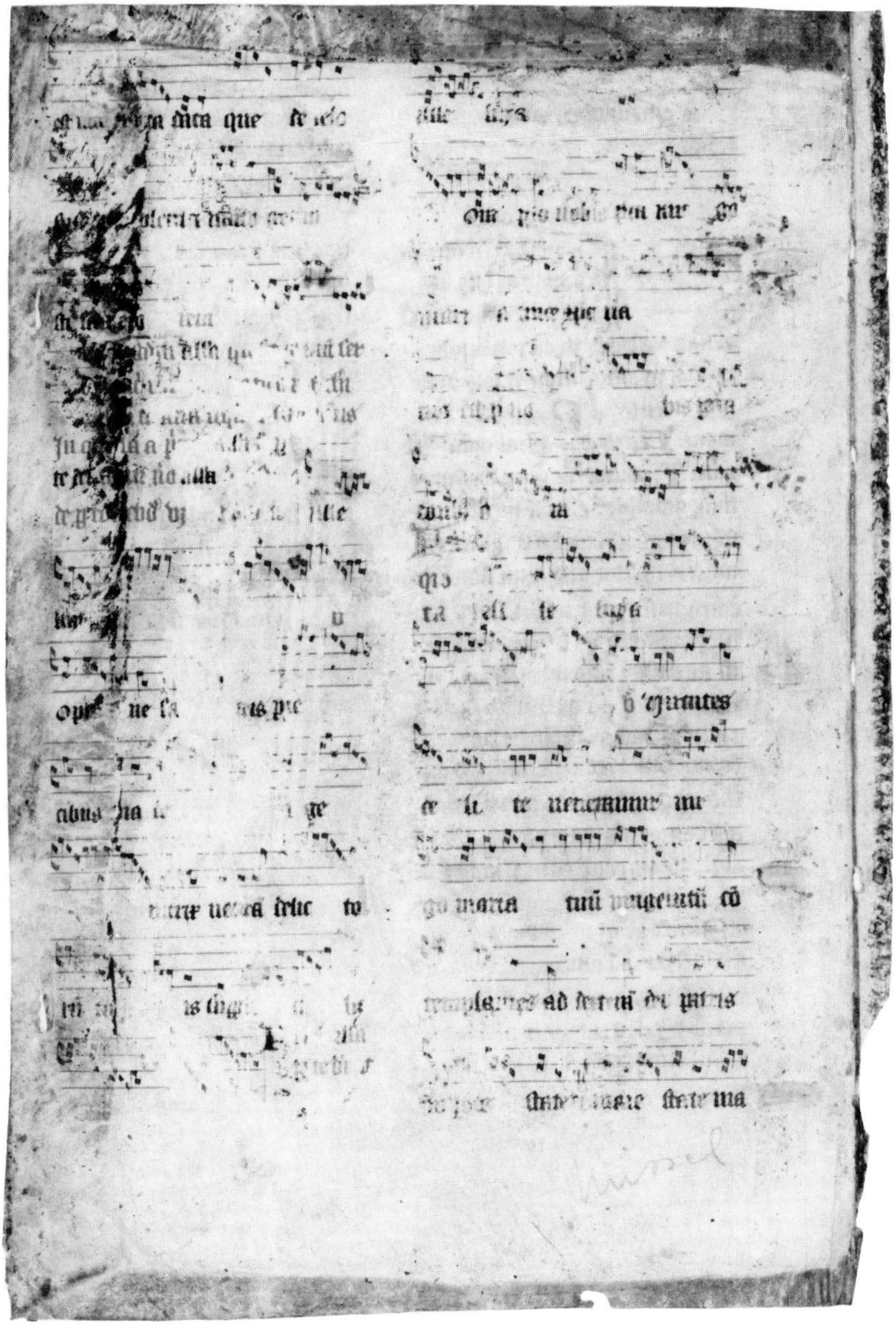

Canberra (ACT), National Library of Australia
Nan Kivell Collection, Ms. 4052/2
Fragment 9^{v}

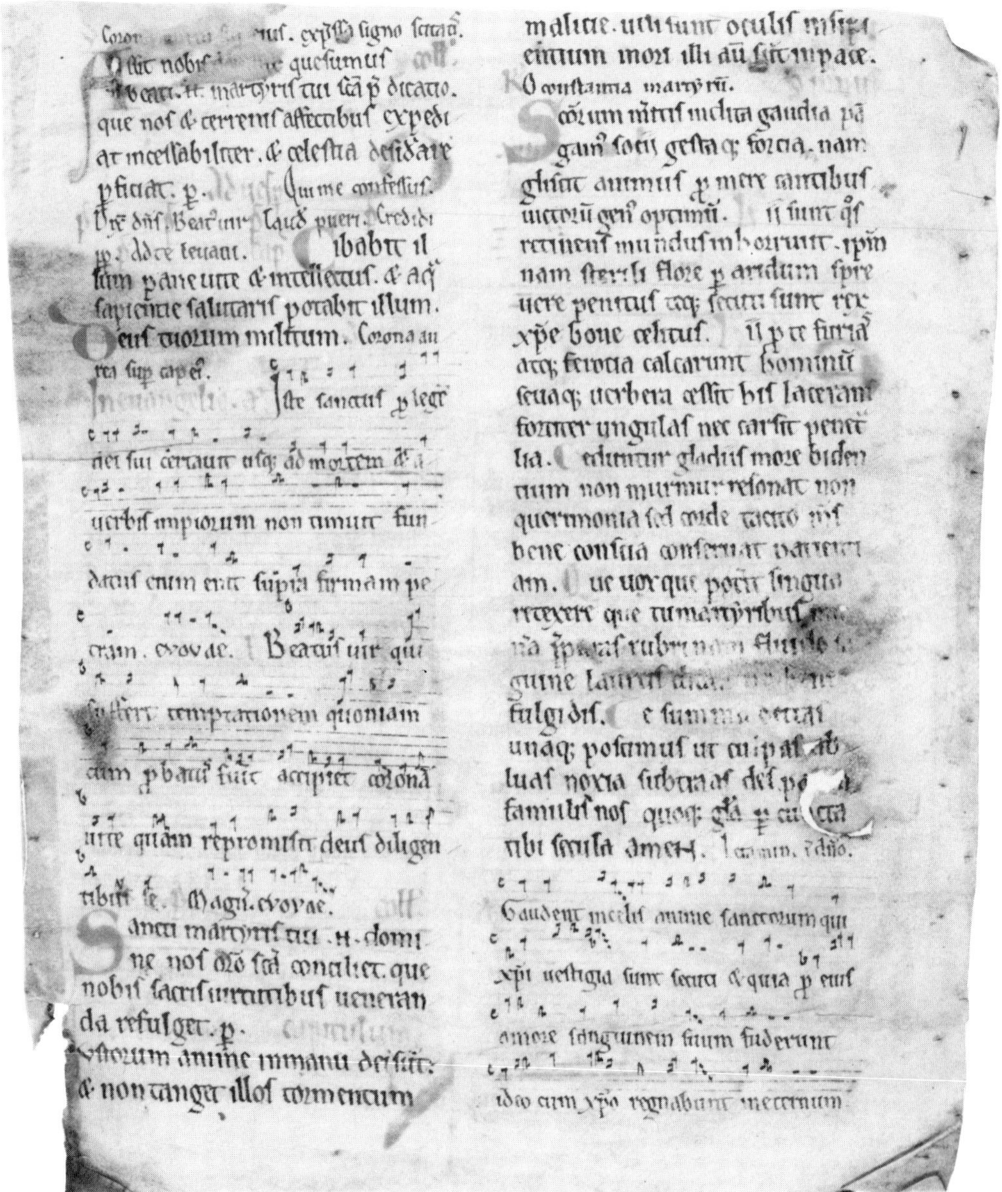

Canberra (ACT), National Library of Australia
Nan Kivell Collection, Ms. 4052/2
Fragment 10r

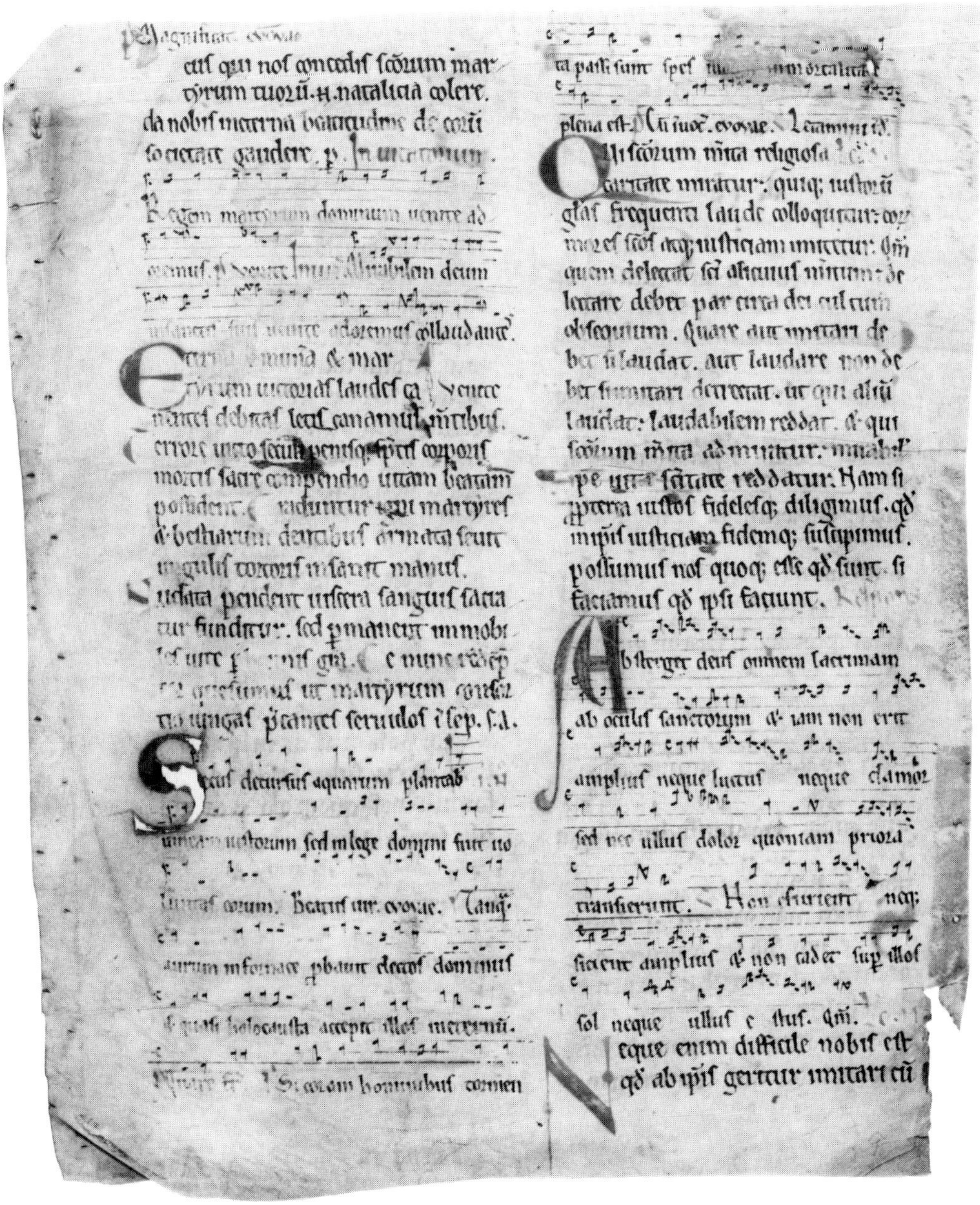

Canberra (ACT), National Library of Australia
Nan Kivell Collection, Ms. 4052/2
Fragment 10[v]

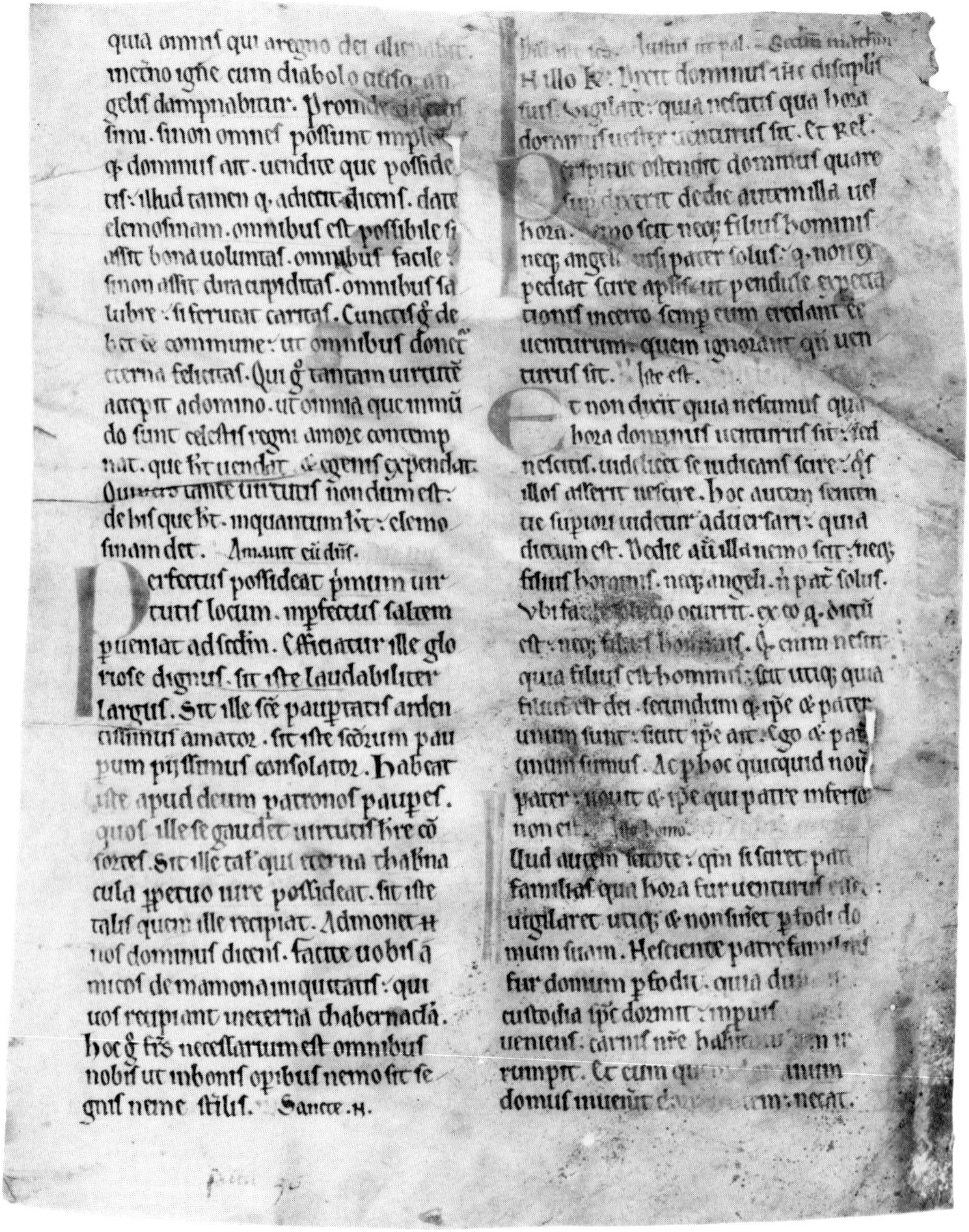

Canberra (ACT), National Library of Australia
Nan Kivell Collection, Ms. 4052/2
Fragment 11r

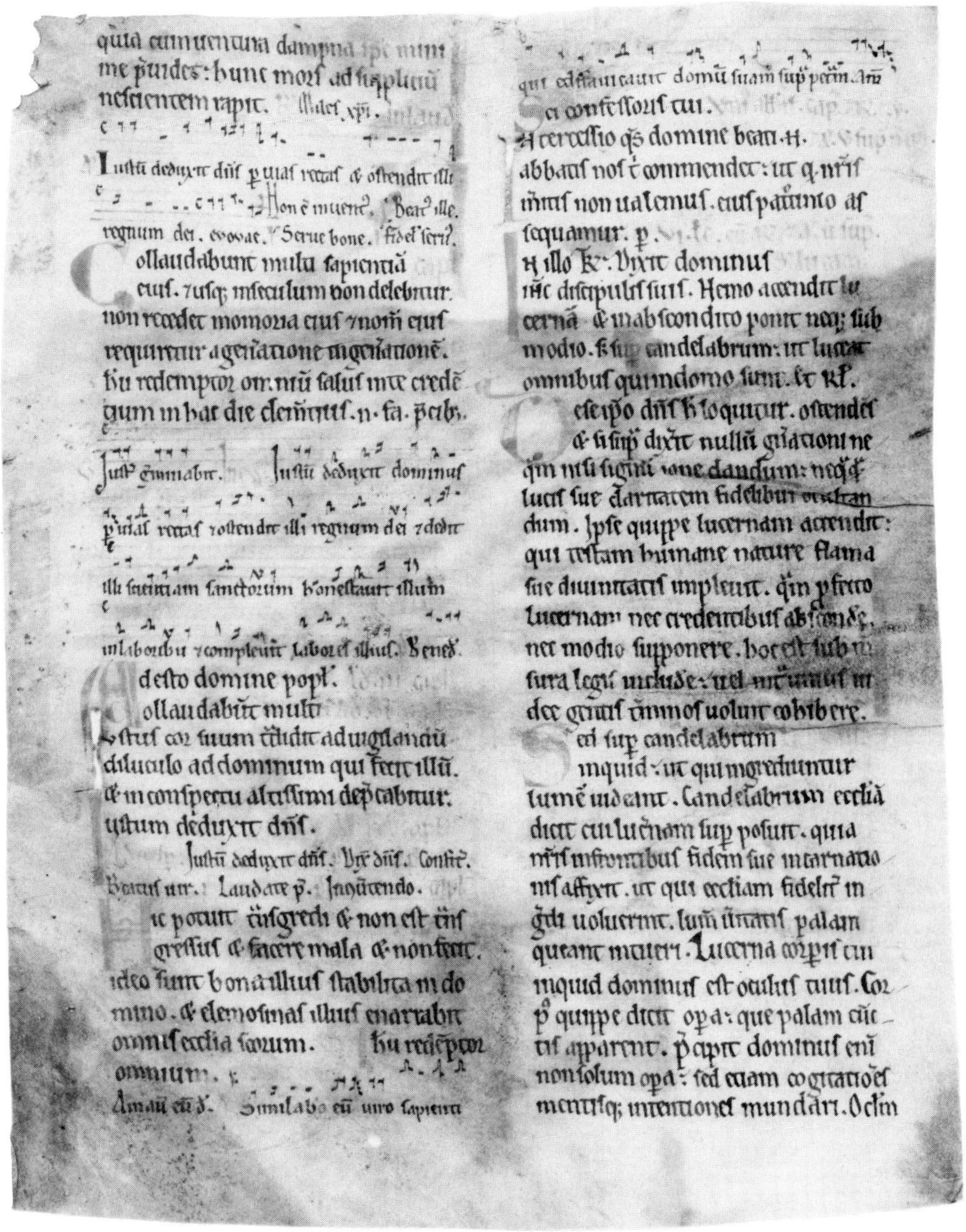

quia cum uentura dampna ... me pudes: hunc mors ad supplicium nescientem rapit. ...
Iustum deduxit dominus per uias rectas et ostendit illi ... Hon e inuent. Beatus ille. regnum dei. ... Serue bone. Fidelis serui.
Collaudabunt multi sapientiam eius. et usque in seculum non delebitur. non recedet memoria eius et nomen eius requiretur a generatione in generationem. Hu redemptor omnium ... salus in te creden- tium in hac die clementius ...
Iustus germinabit. Iustum deduxit dominus per uias rectas et ostendit illi regnum dei et dedit illi scientiam sanctorum honestauit illum in laboribus et compleuit labores illius. Benedictus.
Adesto domine popl. Collaudabunt multi.
Iustus cor suum tradidit ad uigilandum diluculo ad dominum qui fecit illum. et in conspectu altissimi deprecabitur. Iustum deduxit dominus.
Iustum deduxit dominus. Dixit dominus. Confitebor. Beatus uir. Laudate pueri. In agnitendo.
Hic potuit transgredi et non est trans- gressus et facere mala et non fecit. ideo sunt bona illius stabilita in do- mino. et elemosinas illius enarrabit omnis ecclesia sanctorum. Hu redemptor omnium. ... Amauit eum dominus. Similabo eum uiro sapienti
qui edificauit domum suam supra petram. ... ei confessoris tui.
Intercessio quesumus domine beati N. abbatis nos tibi commendet: ut quod nostris meritis non ualemus. eius patrocinio as- sequamur. per ...
In illo tempore. Dixit dominus discipulis suis. Nemo accendit lu- cernam et in abscondito ponit neque sub modio. sed super candelabrum: ut luceat omnibus qui in domo sunt. Et reliqua.
Ipse dominus loquitur. ostendens et sibi super dixit nullum generationi ne- quam nisi signum ione dandum: neque lucis sue claritatem fidelibus occultan- dum. Ipse quippe lucernam accendit: qui testam humane nature flamma sue diuinitatis impleuit. quam profecto lucernam nec credentibus abscondere nec modio supponere. hoc est sub men- sura legis includere: uel intra unius in dee gentis terminos uoluit cohibere.
Sed super candelabrum inquid: ut qui ingrediuntur lumen uideant. Candelabrum ecclesiam dicit cui lucernam super posuit. quia nostris in frontibus fidem sue incarnatio- nis affixit. ut qui ecclesiam fideliter in- gredi uoluerint. lumen ueritatis palam queant intueri. Lucerna corporis tui inquid dominus est oculus tuus. Cor- pus quippe dicit opera: que palam cunc- tis apparent. precepit dominus enim non solum opera: sed etiam cogitationes mentisque intentiones mundari. Oculum

Canberra (ACT), National Library of Australia
Nan Kivell Collection, Ms. 4052/2
Fragment 11^{V}

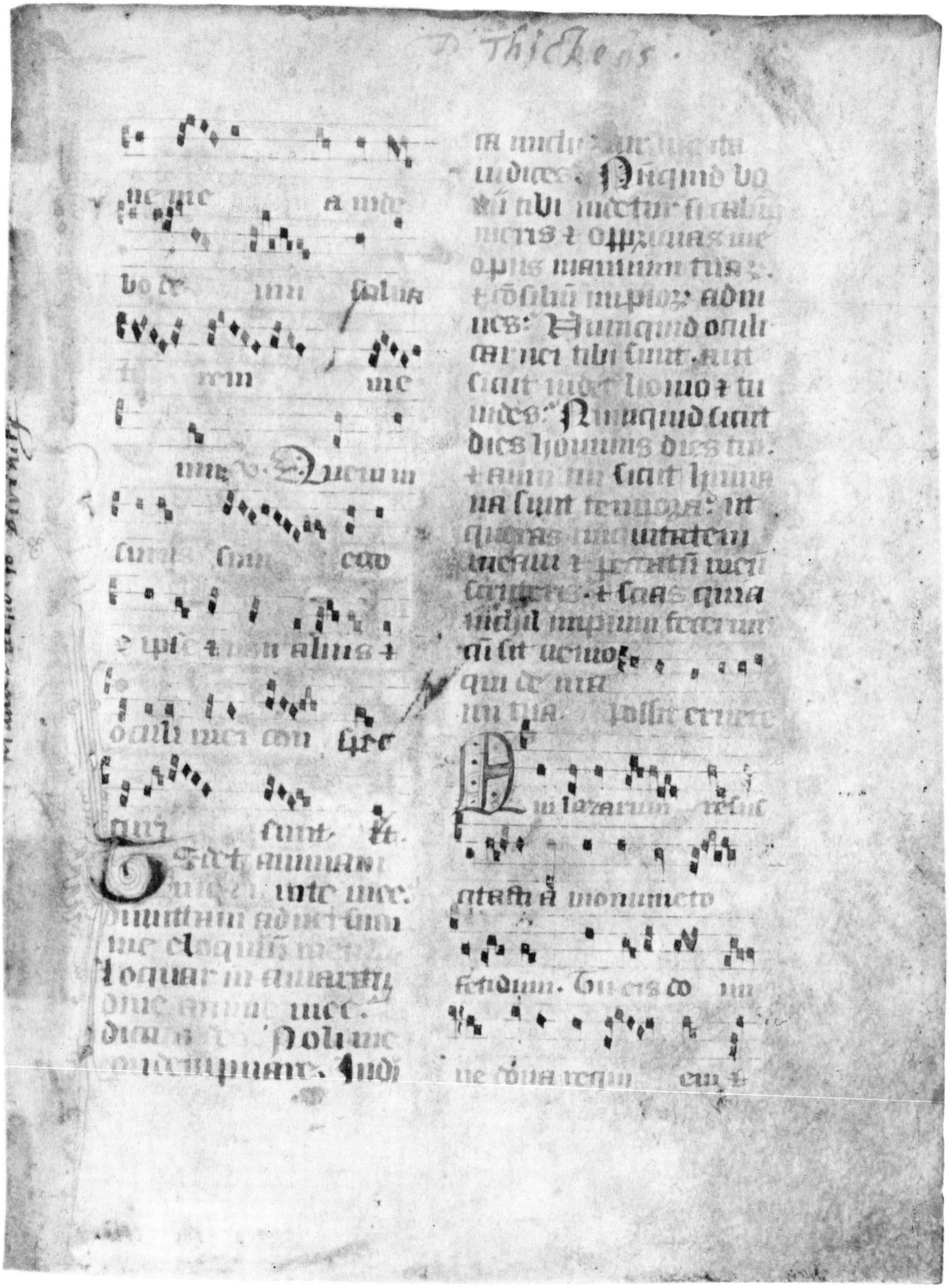

Canberra (ACT), National Library of Australia
Nan Kivell Collection, Ms. 4052/2
Fragment 12[r]

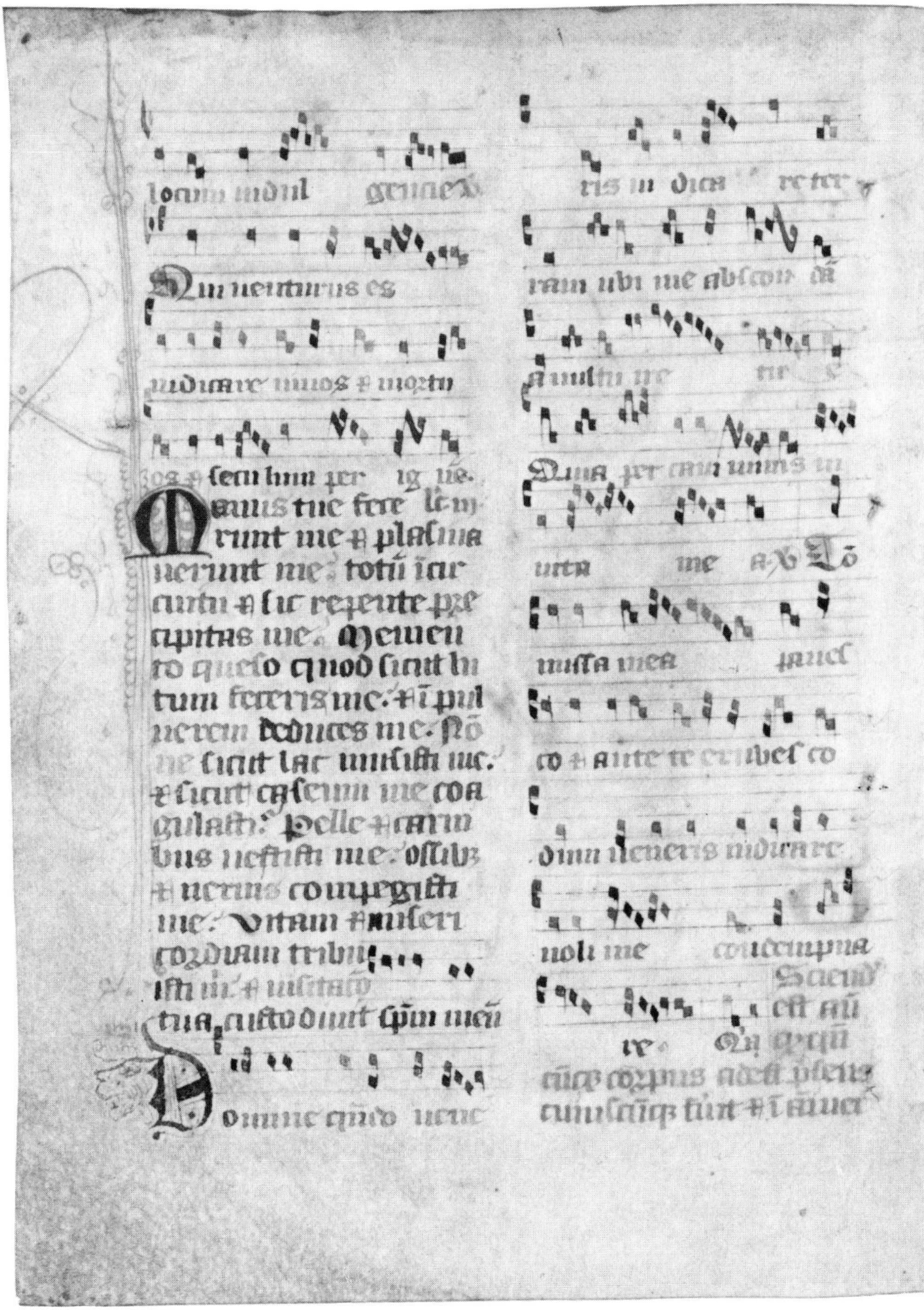

Canberra (ACT), National Library of Australia
Nan Kivell Collection, Ms. 4052/2
Fragment 12^{v}

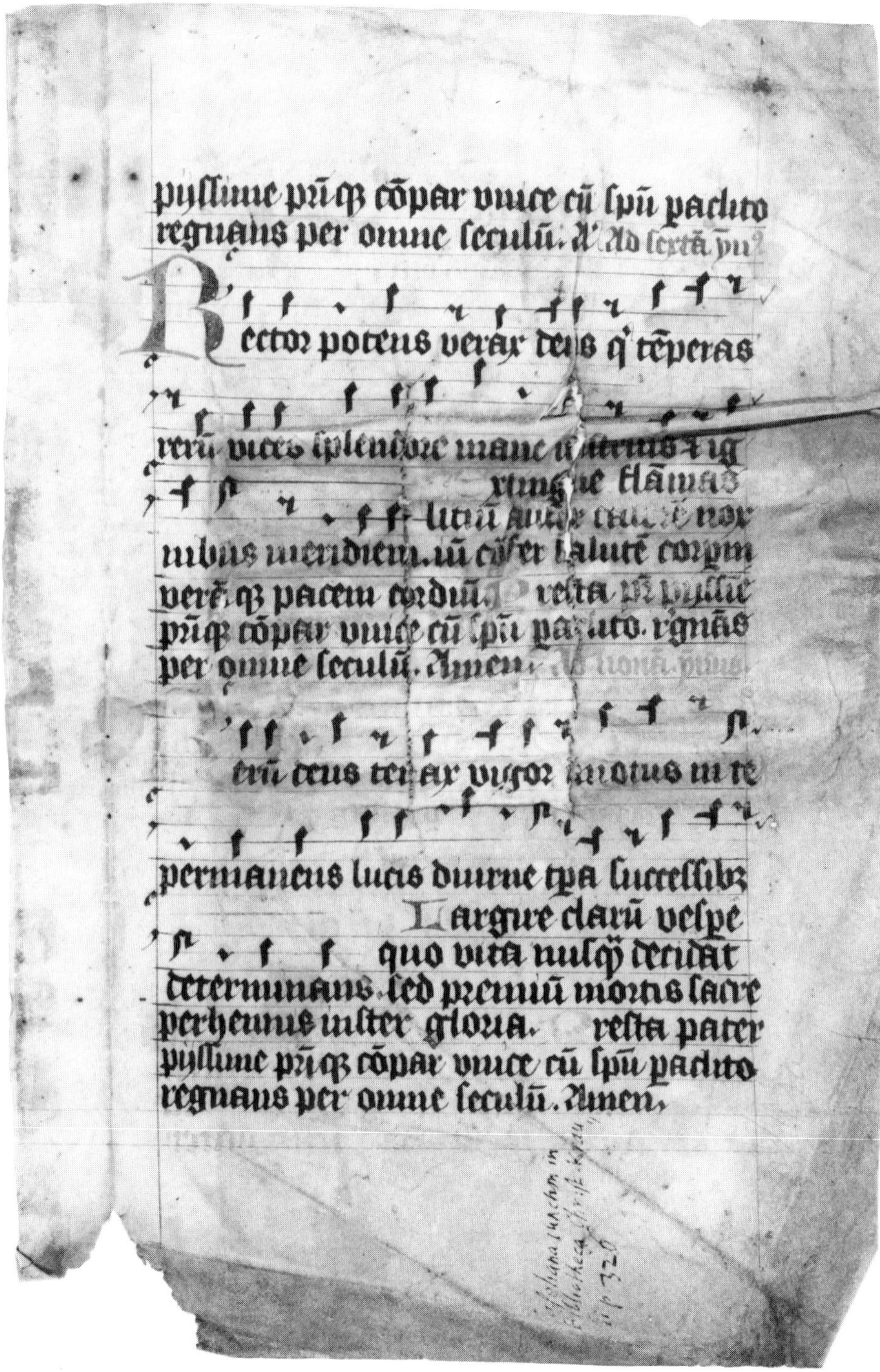

Canberra (ACT), National Library of Australia
Nan Kivell Collection, Ms. 4052/2
Fragment 13^r

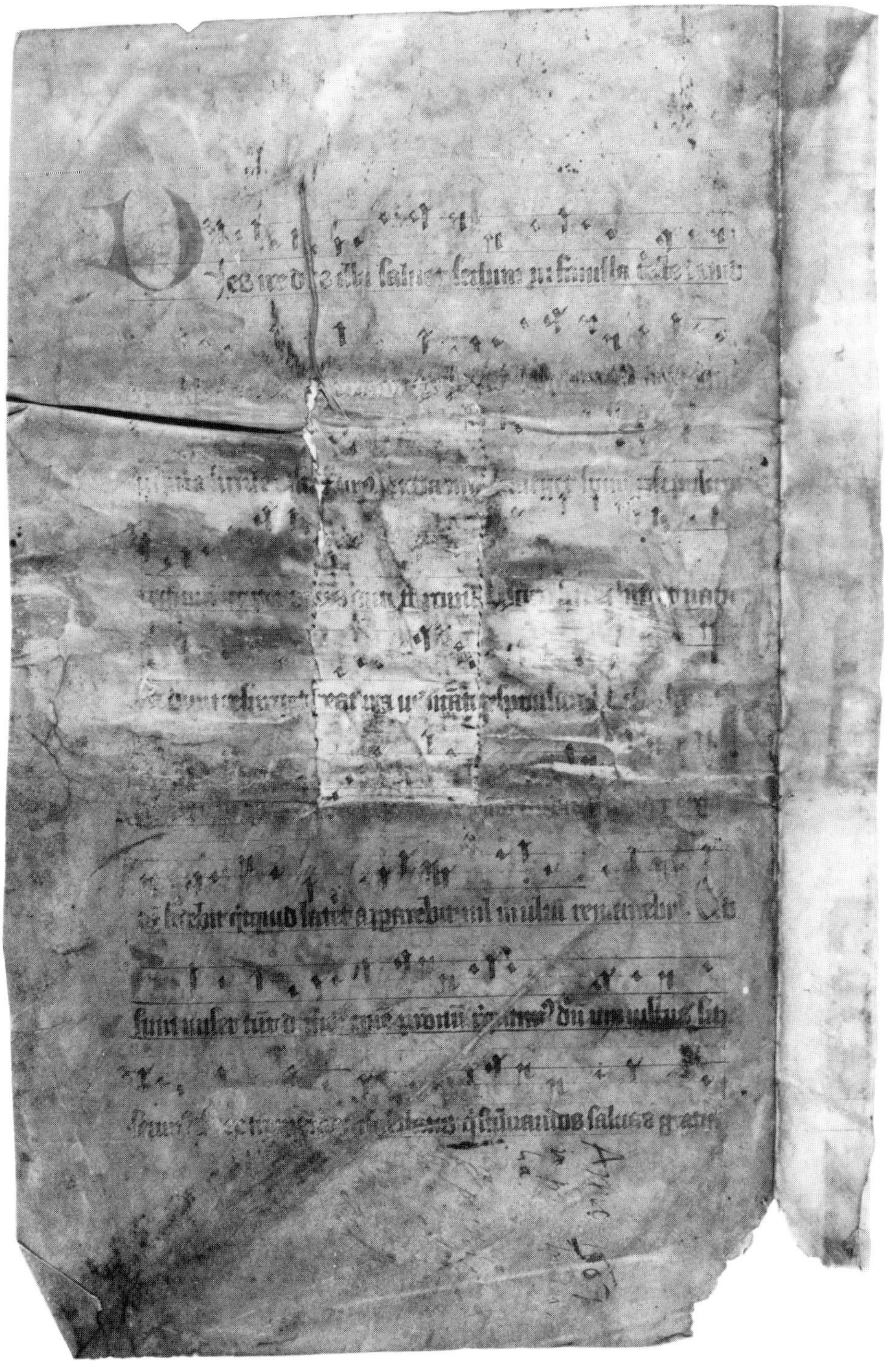

Canberra (ACT), National Library of Australia
Nan Kivell Collection, Ms. 4052/2
Fragment 13v

Canberra (ACT), National Library of Australia
Nan Kivell Collection, Ms. 4052/2
Fragment 14a[r]

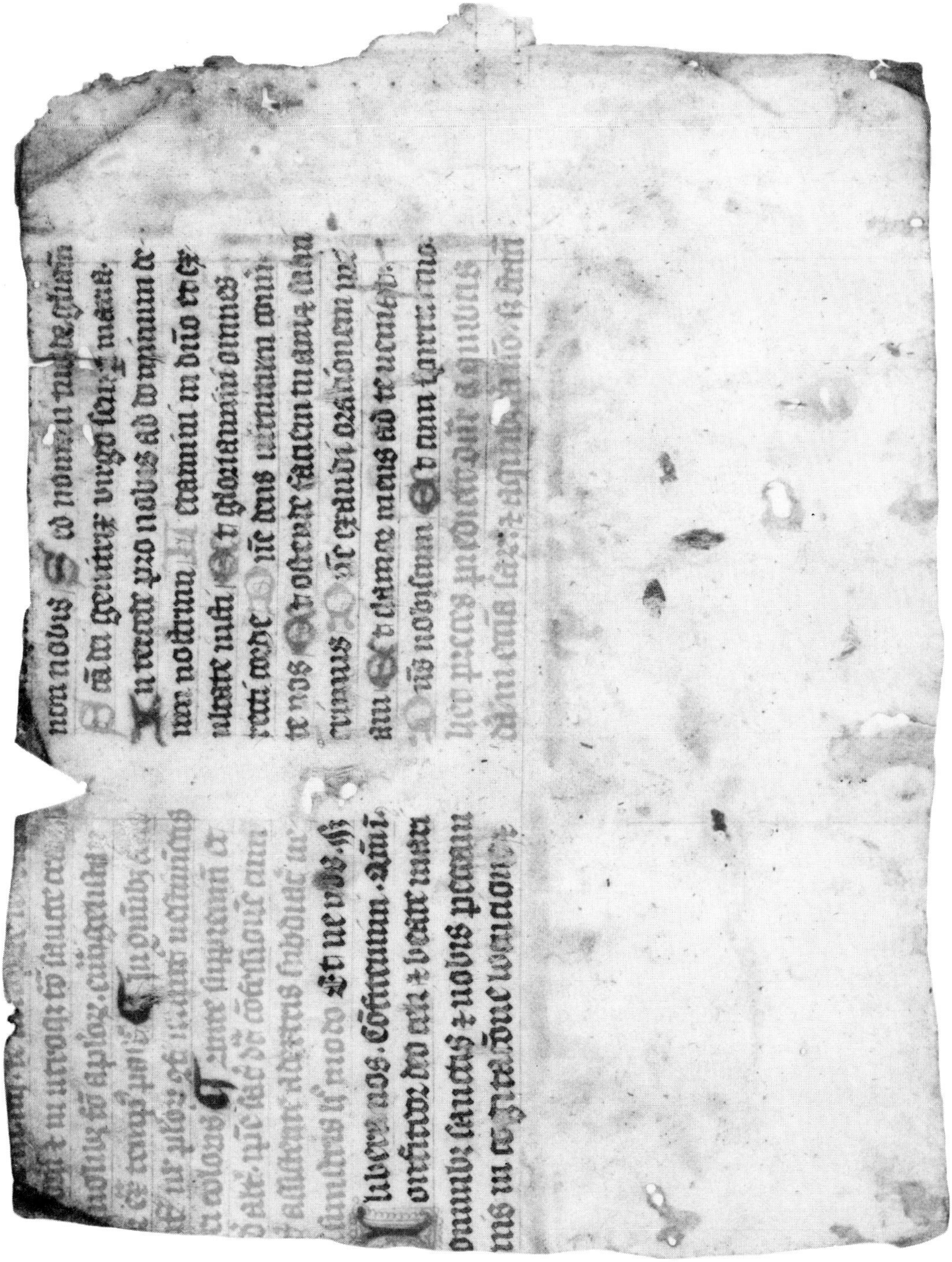

Canberra (ACT), National Library of Australia
Nan Kivell Collection, Ms. 4052/2
Fragment 14a[v]

Canberra (ACT), National Library of Australia
Nan Kivell Collection, Ms. 4052/2
Fragment 14b[r]

Canberra (ACT), National Library of Australia
Nan Kivell Collection, Ms. 4052/2
Fragment 14b[v]

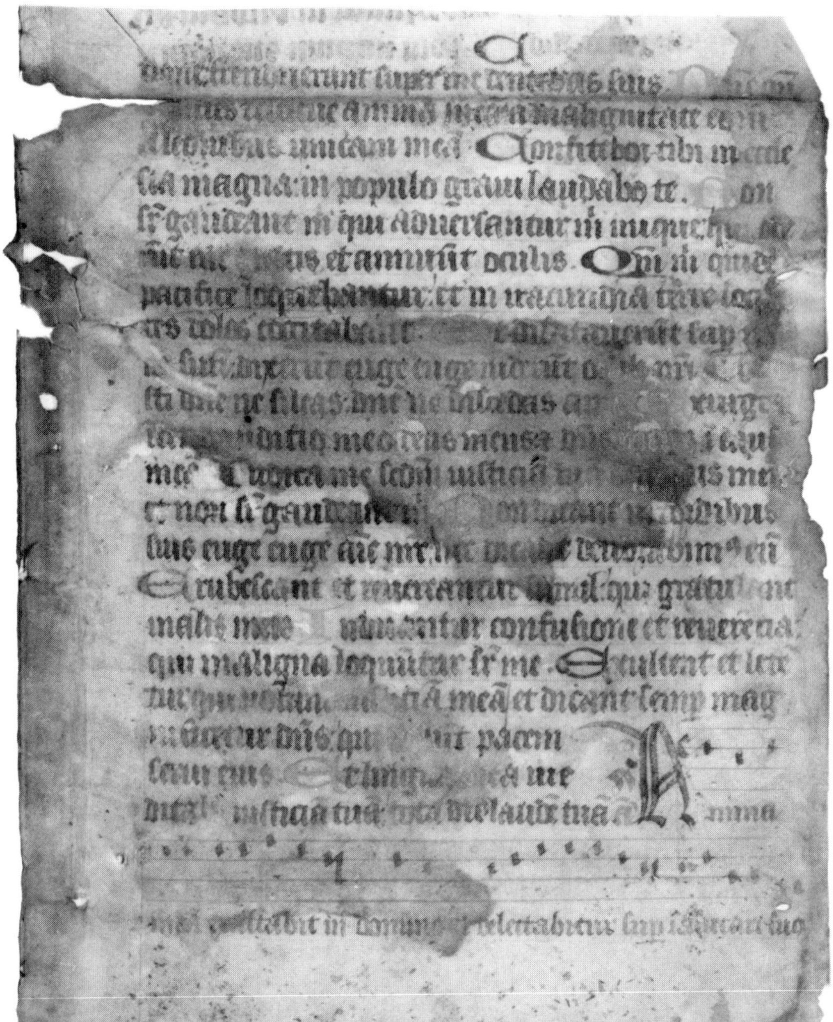

Canberra (ACT), National Library of Australia
Nan Kivell Collection, Ms. 4052/2
Fragment 15a[r]

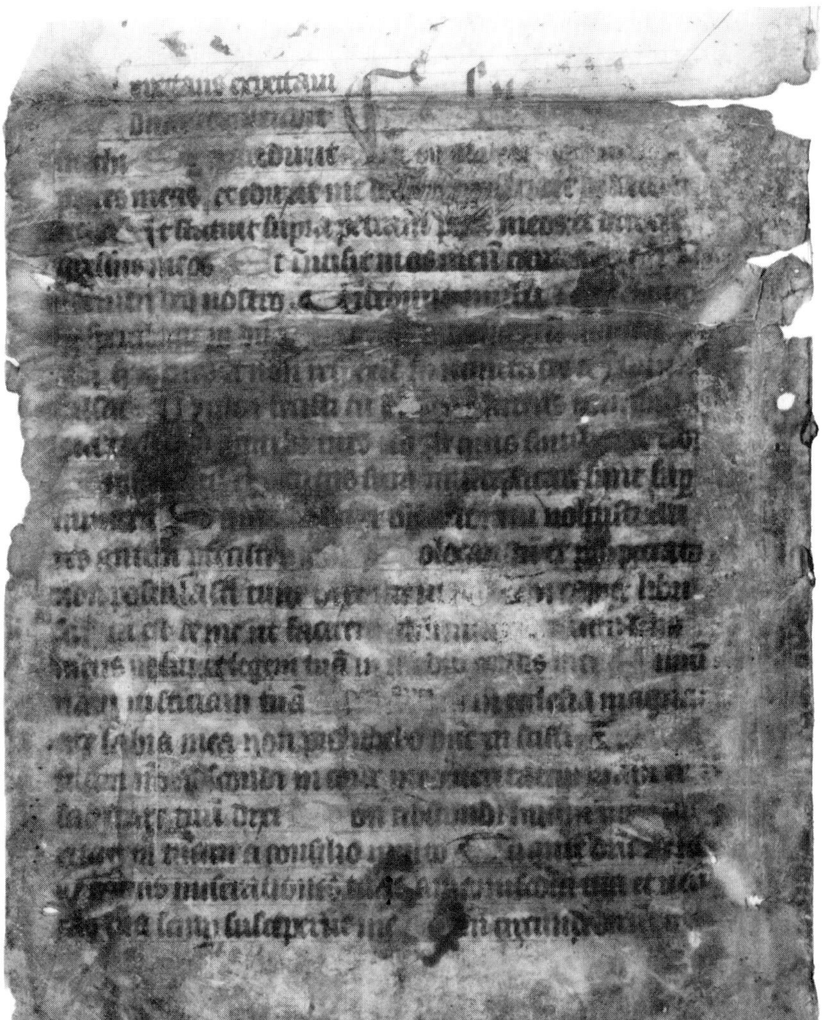

Canberra (ACT), National Library of Australia
Nan Kivell Collection, Ms. 4052/2
Fragment 15a[v]

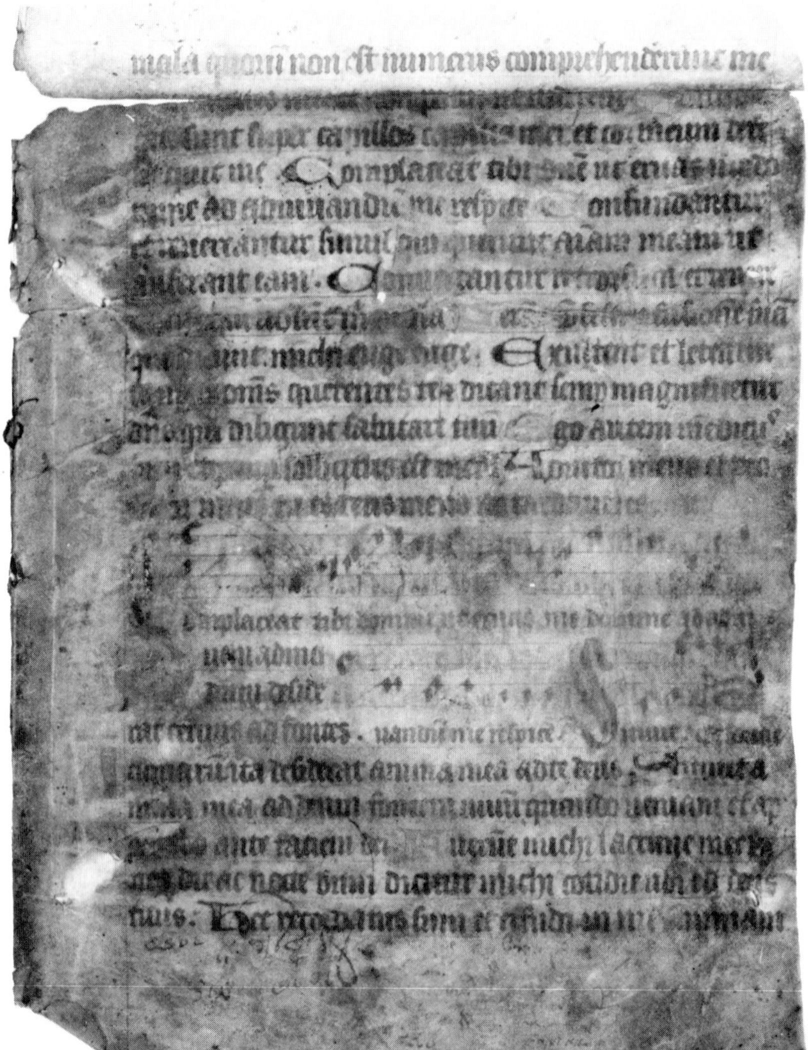

Canberra (ACT), National Library of Australia
Nan Kivell Collection, Ms. 4052/2
Fragment 15b[r]

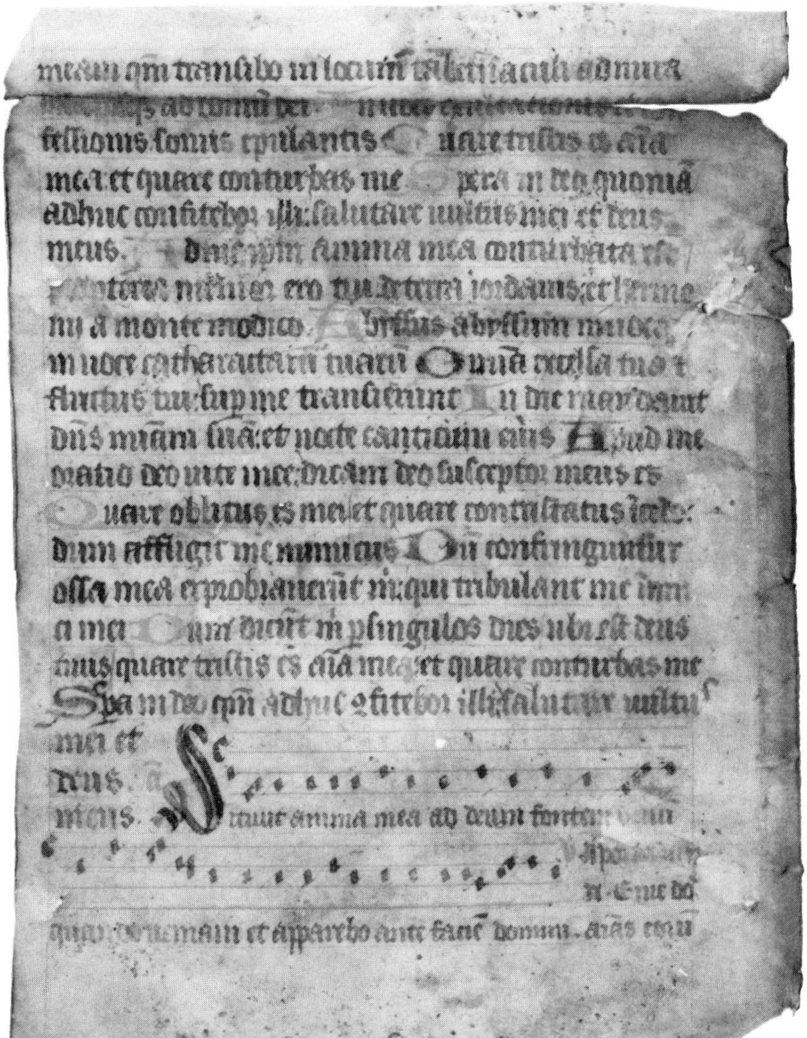

Canberra (ACT), National Library of Australia
Nan Kivell Collection, Ms. 4052/2
Fragment 15b[V]

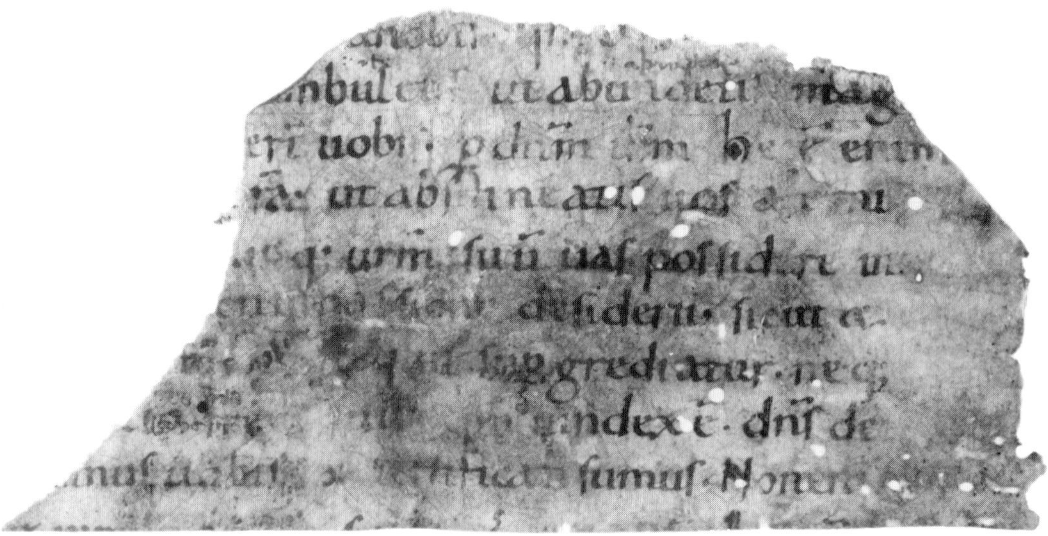

Canberra (ACT), National Library of Australia
Nan Kivell Collection, Ms. 4052/2
Fragment 16[r]

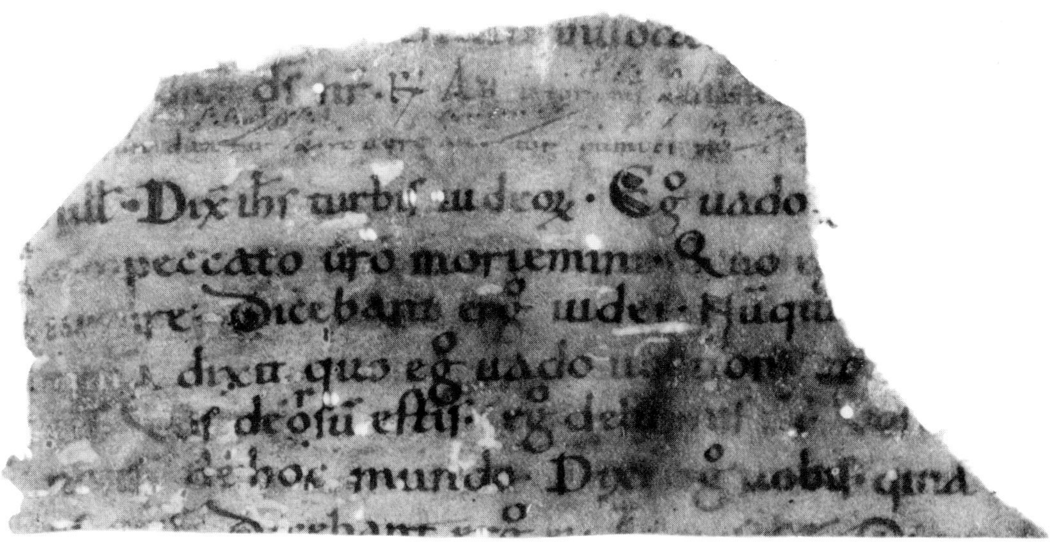

Canberra (ACT), National Library of Australia
Nan Kivell Collection, Ms. 4052/2
Fragment 16^{v}

UNSERE VERÖFFENTLICHUNGEN
OUR PUBLICATIONS

Veröffentlichungen Mittelalterlicher Musikhandschriften
Publications of Mediæval Musical Manuscripts

Vol. I	Madrid 20486	vergriffen
Vol. II	Wolfenbüttel 1099 Helmst. (1206)	DM 200
Vol. III	Eine zentrale Quelle der Notre Dame- Musik	DM 60
Vol. IV	Paris, nouv. acq. frç. 13531	DM 30
Vol. V	Worcester, Add 68	DM 36
Vol. VI	Oxford, lat. liturg. d 20	DM 48
Vol. VII	Opera omnia Faugues	DM 60
Vol. VIII	Sevilla, 5-I-43 & Paris n. a. frç. 4379	DM 72
Vol. IX	Carmina burana	vergriffen
Vol. X	Firenze, Pluteo 29,1 (Pars I[a])	DM 160
Vol. XI	Firenze, Pluteo 29,1 (Pars II[a])	DM 160
Vol. XII.	Dijon, Bibliothèque Publique, Ms. 517	DM 190

Musical Theorists in Translation

Vol.I	Anonymous IV	vergriffen
Vol. II	Robert de Handlo	DM 28
Vol. III	Nivers, *Treatise on the Composition of Music*	vergriffen
Vol. IV	Huygens, *Use and Nonuse of the Organ*	vergriffen
Vol. V	Bernier, *Principles of Composition*	vergriffen
Vol. VI	Loulié, *Elements or Principles of Music*	DM 50
Vol. VII	Bacilly, *A Commentary upon the Art of Proper Singing*	DM 100
Vol. VIII	*Ad organum faciendum*	DM 40
Vol. IX	*Michel Corrette & Flute Playing in the 18th Century*	DM 40
Vol. X	Johann Turmair, *Musicæ Rudimenta*	DM 70
Vol. XI	Mignot de la Voye, *Treatise on Music*	DM 40

Institute of Mediæval Music, Ltd.
Post Office Box 295
Henryville, Pa. USA-18332

Institut de Musique Médiévale, S.A.
Case postale 6439, Succursale «J»
Ottawa (Ont.) K2A 3Y5

Institut für Mittelalterliche Musikforschung, GmbH
Melchtalstraße 11
CH-4102 Binningen

Gesamtausgaben
Collected Works

Vol. I	Faugues *(Gesamtausgabe, Collected Works)*	DM 60
Vol. II/1	A. Rener, I: *The Motets*	vergriffen
Vol. II/2	A. Rener, II, *The Magnificats*	DM 100
Vol. III/1	Goudimel, *Psalm Motets* Vol. I	DM 60
Vol. III/2	Goudimel, *Psalm Motets* Vol. II	DM 60
Vol. III/3	Goudimel, *Psalm Motets* Vol. III	DM 60
Vol. III/4	Goudimel, *Psalm Motets* Vol. IV	DM 60
Vol. III/5	Goudimel, *Psalm Motets* Vol. V	DM 60
Vol. III/6	Goudimel, *Psalm Motets* Vol. VI	DM 60
Vol. III/7	Goudimel, *Psalm Motets* Vol. VII	DM 60
Vol. III/8	Goudimel, *Psalm Motets* Vol. VIII	DM 60
Vol. III/9	Goudimel, *150 Psalms of 1564/1565 ("Jaqui")*	DM 60
Vol. III/10	Goudimel, *150 Psalms of 1568/1580 ("St-André")*	DM 120
Vol. III/11	Goudimel, *Latin Motets and Magnificats*	DM 60
Vol. III/12	Goudimel, *The Masses*	DM 120
Vol. III/13	Goudimel, *Chansons & Odes*	DM 120
Vol. IV/1	Cabezón, I: *Duos, Kyries, Variations*	DM 64
Vol. IV/2	Cabezón, II: *27 Tientos*	DM 64
Vol. IV/3	Cabezón, III: *Versos y Fugas*	DM 64
Vol. V	N. de Radom *(Gesamtausgabe, Collected Works)*	DM 80
Vol. VI/1	Caron, I: *3 Masses*	DM 100
Vol. VI/2	Caron, II: *2 Masses & Chansons*	DM 100
Vol. VII/1a	Merula, Vol. I - *Partitura*	DM 120
Vol. VII/1b	Merula, Vol. I - *Voci strumentali*	DM 90
Vol. VII/2a	Merula, Vol. II - *Partitura*	DM 120
Vol. VII/3a	Merula, Vol. IV, 1ª parte - *Partitura*	DM 120
Vol. VII/4a	Merula, Vol. IV, 2ª parte - *Partitura*	DM 120
Vol. VII/2b-4b	Merula, Vol. II & IV - *Voci strumentali*	DM 150
Vol. VIII/1	Galliculus, I: *3 Messen*	DM 95
Vol. IX/1	du Caurroy, I: *Fantasies à 3-6 parties*	DM 95
Vol. X/5	Notre-Dame & Related Conductus, V: *2pt Conductus*	DM 90
Vol. XI/1	Antoine de Févin, I: *4 Messen*	DM 100

Wissenschaftliche Abhandlungen
Musicological Studies

Vol. I	L. Dittmer, *The Worcester Music Fragments*	vergriffen
Vol. II	G. Schuetze, *An Introduction to Faugues*	DM 42
Vol. III	E. Trumble, *Fauxbourdon, an Historical Survey*, I	DM 30
Vol. IV	L. Spiess, *Historical Musicology*	vergriffen
Vol. V	S, Levarie, *Fundamentals of Harmony*	DM 7,80
Vol. VI	E. Southern, *The Buxheim Organ Book*	DM 60
Vol. VII	F. Ludwig, *Repertorium organorum*, Band I,1	vergriffen
Vol. VIII	C. Jacobs, *Tempo Notation in Renaissance Spain*	DM 40
Vol. IX	E. Thomson, *An Introduction to Caron*	vergriffen
Vol. X	H. Tischler, *Structural Analysis... Mozart's Piano Concertos*	DM 72
Vol. XI	V. Mattfeld, *Georg Rhaw's Publications for Vespers*	DM 60
Vol. XII	E, Borroff, *Introduction to E-C Jacquet de la Guerre*	DM 48
Vol. XIII	F-J Smith, *The Speculum Musicæ of Jac. Leodensis*, I ..	DM 24
Vol. XIV	J. Travis, *Miscellanea Musica Celtica*	DM 40
Vol. XV	C. W. Brockett, *Antiphons... of the Mozarabic Rite*	DM 120
Vol. XVI	F. Crane, *Materials... 15th-Century Basse Danse*	DM 60
Vol. XVII	F. Ludwig, *Repertorium organorum*, Band II	DM 80
Vol. XVIII	A. A. Moorefield, *An Introduction to Galliculus*	DM 48
Vol. XIX	H. Orenstein, *Die Refrainformen im Chans. de l'Arsenal* .	DM 80
Vol. XX	R. Rasch, *J. de Garlandia en de voor-franconische notatie*	DM 80
Vol. XXI/1	Marshall, *Crecquillon* I: *Introduction*	DM 60
Vol. XXI/2	Marshall, *Crecquillon* II: *Opus sacrarum cantionum*	DM 80
Vol. XXI/3	Marshall, *Crecquillon* III: *Sammeldrucke*	DM 80
Vol. XXI/4	Marshall, *Crecquillon* IV: *Handschriften*	DM 80
Vol. XXII	F-J Smith, *The Speculum Musicæ of Jac. Leodiensis*, II	DM 100
Vol. XXIII/1	I. J. Katz, *Judeo-Spanish Ballads from Jerusalem* I: Text	DM 100
Vol. XXIII/2	I. J. Katz, *Judeo-Spanish Ballads from Jerusalem* II: Music	DM 100
Vol. XXIV/1	G. Anderson, *Latin Compositions....*, I: Text	DM 100
Vol. XXIV/2	G. Anderson, *Latin Compositions....*, II: Music	DM 100
Vol. XXV	J-M Bonhôte, *Samuel Mareschal - Melodiæ Suaves*	DM 12
Vol. XXVI	F. Ludwig, *Repertorium organorum....*, band I,2	DM 200
Vol. XXVII/1	A. Atlas, *The Cappella Giulia Chansonnier*, I: Commentary	DM 110
Vol. XXVII/2	A. Atlas, *The Cappella Giulia Chansonnier*, II: Music ...	DM 90
Vol. XXVIII	C. Wright, *Music at the Court of Burgundy, 1364-1419* ..	DM 160
Vol. XXIX/1	S. Levarie & E. Levy, *A Dictionary of Musical Morphology*	DM 30
Vol. XXX/1	N. van Deusen, *Music at Nevers Cathedral*, I: Commentary	DM 100
Vol. XXX/2	N. van Deusen, *Music at Nevers Cathedral*. II: Edition	DM 100

THE INSTITUTE OF MEDIÆVAL MUSIC, LTD.